venez toutes bloguer sur
www.lesparesseuses.com

La Positive Attitude

des paresseuses

Olivia Toja

La Positive Attitude

des paresseuses

MARABOUT

Illustration de couverture : Soledad Bravi

venez toutes bloguer sur www.lesparesseuses.com

« La positive attitude,
La positive attitude.
La tête haute,
Les yeux rivés sur le temps,
Et j'apprends à regarder droit devant.
La positive attitude... »

(Lorie, *La Positive Attitude,*
Héloïse Monteiro / Johnny Williams)

Sommaire

Avant-propos

Pourquoi ce guide va vous aider

Souvent, vous fermez les yeux (ne vous endormez pas tout de suite, S.V.P.), vous vous imaginez dans un endroit de rêve, un havre de paix, bercée par le nonchalant clapotis d'un océan turquoise, nimbée d'une douce chaleur, un souffle de vent tiède dans les cheveux, une éclatante lumière baignant l'horizon... Vous êtes bien, sereine, pleine d'énergie positive.

Soudain vous ouvrez les yeux et la façade lépreuse de l'immeuble d'en face vous saute à la figure, vous vous remémorez votre liste de « *to do* » longue comme le bras, vous préparez mentalement le menu du repas du soir, le tic-tac de l'horloge résonne dans vos tympans et votre tête bourdonne des dernières recommandations acides de votre supérieur hiérarchique.

Cette pression permanente, ce rythme endiablé, cette angoisse qui tord le ventre, ces soucis qui empêchent de dormir, c'est votre quotidien. Les ondes négatives, l'image de vous qui vous déplaît dans le miroir, le manque de dynamisme, le voile gris qui recouvre vos journées, c'est votre train-train.

Stop !

Arrêtez tout...

La vie peut être beaucoup plus jolie que ça. Et surtout (commencez à vous réjouir), ce n'est pas compliqué du tout !

Il suffit d'appliquer quelques règles simples, pas fatigantes pour deux sous, pour voir que, derrière les nuages, le soleil est bien là, que le livreur serait très joli garçon sans son horrible blouson, que, si « Duboss » vous donne des objectifs intenables, c'est pour stimuler votre ambition, que 3 kg de trop, ça gonfle les joues et donc ça atténue les rides... en gros : que le verre est plutôt à moitié plein.

Ahhh ! bien sûr, vous ne trouverez pas ici de méthode ni de solution miracle pour résoudre à jamais (entourez la puce qui correspond) :

- votre découvert permanent.
- la triste banalité de votre vie amoureuse avec Jean-Michel.
- la maladie grave d'un de vos proches.
- la profondeur adipeuse de votre « culotte de cheval ».

Ce n'est pas en répétant mille fois à haute voix : « Je suis heureuse, youpi, youpi, youpi ! » que vous changerez votre humeur morose. Vous aurez juste l'air ridicule.

En revanche, en lisant ce guide, vous comprendrez que le bonheur dépend de peu de chose, et notamment d'une certaine manière d'appréhender la vie, d'un état d'esprit, d'une forme d'optimisme général... une « positive attitude » ! Et ça, ça ne demande pas beaucoup d'efforts.

Vous trouverez ici des idées, des astuces et des exercices pratiques pour reprendre confiance en vous, vous sentir vaillante et épanouie, pour supporter la pression plus facilement, vous affirmer pleinement, booster votre mental, vivre de façon saine et sans stress.

En gros, pour chaque jour vous lever du pied droit. C'est pas beau, ça ?

1

Comment faire son bilan « bien-être » (mieux vaut être lucide)

Comment prendre les choses en main ?

Vous sentez bien que rien ne va : overdose de stress, pression maximale, coup de déprime assuré... Bien sûr, vous avez identifié ce qui vous bouffe la vie (faudrait être aveugle pour ne pas voir que « Duboss » est un tyran), mais vous êtes tellement noyée dans vos soucis, plongée dans votre *bad mood*, immergée dans vos problèmes que vous n'avez même plus la lucidité suffisante pour voir par quel moyen vous en sortir.

En gros, vous pédalez dans le boulgour (beaucoup plus intéressant que la choucroute au niveau nutritif).

Ne vous est-il jamais arrivé, quand vous étiez petite, d'appuyer bien fort sur un bleu pour voir si ça faisait mal ? (Et de constater que, oui, c'est douloureux... mais que c'est bon quand on retire son doigt ?)

Eh bien là, c'est pareil. Pour se sauver du naufrage, pour arriver à tirer la tête hors de l'eau, pour taper du pied au fond de la piscine avant de remonter, mieux vaut ouvrir les yeux une bonne fois pour toutes (même si le chlore, ça brûle). Mieux vaut appuyer là où ça fait mal pour être soulagée ensuite. Selon le principe qui dit que l'on ne soigne bien qu'un mal que l'on connaît, il est donc l'heure de faire un petit bilan, un état des lieux de votre niveau de bien-être, un check-up de votre bonheur pour savoir où vous en êtes (s'il ne vous manque qu'un solitaire en diamant pour être heureuse, vous avez quelques longueurs d'avance sur celles qui doivent rencontrer l'amour / trouver un job / payer les factures / aider leur mamie grabataire).

À bout de nerfs ? Comment y voir plus clair ?

On le sait : la vie est faite d'une succession d'événements, de décisions à prendre, d'informations et de situations auxquels il faut s'adapter. En général, cette réalité ne correspond pas à ce que nous aimerions, elle bouscule nos repères, elle ne rentre pas dans le moule une-vie-comme-je-veux. Et nous avons du mal à supporter cette évidence... ça nous « stresse » !

Cette expression est devenue une sorte de fourre-tout qui sert aujourd'hui à évoquer toute sorte de mal-être, de malaise, de souffrance. Pourtant, par définition, le stress n'est pas forcément négatif. Il s'agit de la réponse de notre corps ou de notre psychisme à une agression extérieure quelle qu'elle soit : du coup de froid à l'annonce d'une nouvelle grave, de la peur à la vue d'une araignée à l'angoisse de passer un examen, de l'énervement dans un embouteillage à l'excitation avant un grand événement. Il s'agit de la réaction que nous avons dès qu'un changement s'opère dans notre vie, que celui-ci soit positif ou négatif.

De manière ponctuelle, cette « réaction » de notre corps peut être bénéfique : c'est le stress qui fait réagir face à un danger, qui donne l'inspiration dans l'urgence, qui motive lors d'une compétition. Mais s'il est répété ou majeur, il peut entraîner toutes sortes de troubles physiques et psychiques qui empêchent de vivre sereinement.

Tenons-le pour dit : personne ne peut échapper au stress (sinon, la vie serait aussi savoureuse qu'une courgette à l'eau, sans beurre). En revanche, il est possible d'apprendre à le gérer, à ne pas le laisser nous empoisonner. Et pour cela, mieux vaut bien le comprendre.

Comprendre les mécanismes du stress

Sans la jouer clinicienne, étudions le phénomène de plus près – il se déroule en plusieurs étapes :

1. La phase cognitive

Vous êtes face à un événement qui génère une pression psychique ou un « choc » émotionnel.

Le corps réagit à ce stimulus : c'est la poussée d'adrénaline qui permet d'améliorer ses performances, d'être plus alerte, plus réactive pour répondre immédiatement à la stimulation. La manière d'appréhender cet événement provoque en nous des sentiments, positifs ou négatifs : on appelle cette étape « la phase cognitive » (façon de percevoir les événements).

Exemple 1 : « En surfant sur Ebay, je tombe sur un sac Miu Miu mis à prix à 1€ et dont l'enchère se termine dans 5 min = tous mes sens sont en alerte = mes doigts frémissent, ma respiration s'accélère = je compte les secondes avant de placer mon enchère (mieux vaut attendre le dernier moment). »

Exemple 2 : « Ma chef me signale que le rapport de la réunion d'avant-hier n'est toujours pas sur son bureau = je n'aime pas ses allusions perfides = mon cerveau s'échauffe et envoie de l'influx à mes doigts pour taper ce doc vite fait. »

2. La phase corporelle

Si la stimulation extérieure se prolonge, l'organisme entre dans une phase de résistance où les fonctions sont entièrement mobilisées pour répondre à toute situation le mettant en danger. On appelle cette étape « la phase corporelle ». De nouvelles substances sont produites (endorphines, dopamine, cortisol...) qui maintiennent dans un état de veille et d'alarme.

Selon différents facteurs, cette période peut être stimulante et bénéfique ou alors créer de la nervosité et de l'agacement.
Exemple 1 : « Il ne reste que quelques secondes avant la fin de l'enchère = toute mon énergie se concentre dans mon doigt au-dessus du bouton "enchérir maintenant" = je tremble. »
Exemple 2 : « Je profite de ma lancée et je travaille jusqu'au milieu de la nuit = en plus du rapport de l'avant-veille, je rédige un projet qui, à coup sûr, en mettra plein la vue à ma chef. »

3. La phase comportementale

Si le phénomène s'installe et devient chronique, attention à ne pas dépasser le point critique : les dépenses énergétiques pour se maintenir en alerte sont trop importantes et vous épuisent ! Vous devenez hypersensible aux stimulations et votre tension nerveuse est trop grande, vous basculez dans le surmenage, l'irritabilité, voire la dépression. Cette phase où nos réactions se modifient s'appelle « la phase comportementale ».
Exemple 1 : « J'ai tellement attendu qu'un internaute plus rapide m'a piqué le sac sous le nez = je suis verte de rage = je déteste les sacs Miu Miu (et je cherche à me convaincre qu'il s'agissait d'une copie vulgaire fabriquée à Taïwan). »
Exemple 2 : « Prise dans le feu de mon travail, j'ai foncé tête baissée = je me rends compte que mon projet ne peut pas tenir debout puisque, pendant la précédente réunion, ma chef a coupé tous les budgets ! »

Si les mécanismes fonctionnent quasiment de la même manière pour chacun, face à une même situation, tout le monde ne réagit pas selon le même mode, ni avec la même intensité. En fait, ce ne sont pas les causes du stress qui sont importantes, mais la manière dont nous percevons leur représentation mentale dans notre esprit. Et dans ce domaine, de nombreux facteurs personnels influent sur notre réaction. Selon notre âge, notre forme physique, notre contexte social, professionnel, etc., notre « interprétation » d'un événement stressant et notre réaction face à celui-ci seront différentes.

Identifiez ce qui vous gâche la vie

Des facteurs qui provoquent le stress, il y en a de toutes sortes. Les psychologues les ont même classés selon une échelle d'évaluation qui attribue des points aux différentes situations (de 100 points pour le décès du conjoint à 20 pour un déménagement en passant par 75 pour un divorce et 50 pour le mariage).

Pour faire le point sur les facteurs « classiques » du stress et identifier les déclencheurs qui vous sont propres, ceux qui vous atteignent personnellement, entourez les puces qui vous correspondent le plus dans la liste suivante (non exhaustive) :

Au travail

- Recherche d'emploi (et sa cohorte de déceptions).
- Précarité de l'emploi (quand on sent que la charrette n'est pas loin), contrat de courte durée, pas de contrat du tout, travail temporaire...
- Licenciement.
- Les concours, les examens, les partiels, les oraux.
- La pénibilité de la tâche, sa répétition.
- La pression pour les résultats, la concurrence, les objectifs à tenir...
- Le déséquilibre entre les exigences d'une situation nouvelle et les moyens dont on dispose pour y répondre.

- Le sentiment de non-reconnaissance, le manque d'encouragement.
- Trop de boulot (vraiment – du genre « il-faudrait-deux-personnes-pour-faire-ce-qu'il-y-a-à-faire »).
- Manque d'intérêt, de motivation.
- Horaires difficiles.
- Relations tendues avec le boss, les collègues (c'est vous qui avez envoyé un virus pour véroler le PC de Sophie).
- Harcèlement moral.
- Nouvelle organisation de la société, changement de hiérarchie (votre ancienne assistante devient votre supérieure).
- Salaire insuffisant.

À la maison

- Les tâches ménagères (et leur éternel retour – si on pouvait faire un bon gros ménage une fois par mois, on serait peut-être plus cool).
- Les trucs qui se détraquent (le lave-vaisselle quand on vient de faire un dîner de 12 personnes, le lave-linge qui n'essore pas 5 kg de serviettes-éponges, le four qui lâche au milieu de la cuisson d'un soufflé, etc.).
- La question « Qu'est-ce qu'on mange ce soir ? » : sortie du célèbre quiche/salade et du fameux coquillettes/jambon, la question peut rapidement être angoissante.
- Le voisin qui tond sa pelouse à 7 h le dimanche matin.
- Le formulaire NE3J189 que vous avez oublié de retirer à la préfecture.

Les finances

- Les crédits.
- Les factures.

- Les impôts.
- La petite veste Comptoir des Cotonniers qui a méchamment troué votre budget mensuel.
- Les cadeaux de Noël.
- La tuile qui n'arrive jamais au bon moment : la courroie de distribution qui craque (150 €), la chaudière qui explose en janvier (1 000 €).

Vous

- Les objectifs que l'on se fixe (trop haut) et qui nous font culpabiliser.
- La mutation de la ride d'expression vers la ride profonde.
- L'épaisseur de la « peau d'orange ».
- Le point noir récalcitrant.
- Le cheveu qui frise.

Lui

- Les disputes.
- La jalousie (qui est-ce, cette « Sandrine » ?).
- Les gestes quotidiens (complétez la liste : baisser la lunette des toilettes, ramasser ses chaussettes, éteindre la lumière après lui, etc.).
- Les oublis (des dates d'anniversaires notamment).
- Les câlins programmés (samedi soir, après Patrick Sébastien).
- La rupture.

Les enfants

- Difficulté à concevoir un enfant, grossesse.
- Les bronchites de l'aîné.
- L'eczéma du petit.

- Le manque de place en crèche.
- Le rush pour arriver à l'heure à la garderie.
- La purée de haricots verts lancée en catapulte sur le tailleur sorti du pressing.
- Les mauvaises notes.
- Les convocations dans le bureau du proviseur.
- La permission de minuit dépassée.
- Élever un enfant toute seule.
- Le désaccord avec le papa sur l'éducation à donner.

Les autres

- Maman et ses conseils : « parce que je t'aime, ma chérie ».
- Belle-maman et ses conseils : « pour ton bien, ma grande ».
- Votre sœur et ses conseils : « parce que, toi et moi, on est pareilles ».
- Votre belle-sœur et ses conseils : « parce que je trouve que tu pourrais faire mieux ».
- Votre meilleure amie et ses conseils : « parce que je te veux du bien ».

La santé

- Les maladies graves.
- La perte d'un proche.
- Le rhume qui prend ses quartiers d'hiver dans vos sinus.
- La vue qui baisse.
- Les insomnies.

Le monde qui nous entoure

- La violence, les incivilités, l'exclusion...
- L'insécurité.

- La mondialisation.
- Le « tout-fout-l'-camp-ma-p'tite-dame ».

En vrac

- La connexion Internet qui s'arrête au moment où vous devez valider votre achat en ligne.
- Le manque chronique de temps.
- Chloé qui porte la même robe que vous au réveillon de la Saint-Sylvestre.
- Le bruit.
- Oublier ses clés.
- Se retrouver derrière un camion de ramassage des poubelles quand on est déjà en retard.
- Les journées qui ne comptent que 24 h.
- Le dilemme : à Noël, dinde ou chapon ?

« Pourquoi moi (et pas lui) ? »

Pourquoi y a-t-il des gens qui ont toujours l'air détendus, souriants, qui prennent les choses du bon côté et qui dorment sur leurs deux oreilles même la veille d'une réunion hyperstratégique ? Et pourquoi votre style à vous, c'est plutôt sourire « crispé (ou pas de sourire du tout), nuits en pointillé et grignotage d'ongles avant de frapper à la porte du patron », convaincue que ce message : « Passez dans mon bureau » n'est pas un bon signe ??

Si les événements déclencheurs du stress sont quasiment les mêmes pour tous, notre manière de réagir et de percevoir ces événements nous est tout à fait personnelle. De nombreux facteurs entrent en ligne de compte :

L'âge

On s'adapte mieux aux situations imprévues à 25 ans qu'à 60 (phénomène couramment appelé « insouciance de la jeunesse »).

Ça fait du bien de le savoir !

Il existe de plus en plus d'enfants stressés dès l'école maternelle... Parents trop exigeants (commencer les cours de japonais à 4 ans, c'est un peu tôt, non ?), classes surchargées, journées trop longues... autant de facteurs qui développent le stress de façon précoce chez les petits. Et quand on sait que les bébés sont déjà influencés par le comportement de leur mère *in utero*... on peut se poser des questions.

Le sexe

Dans ce domaine, l'égalité hommes/femmes est très complexe. Certains faits permettent quand même de montrer que les deux sexes ne sont pas égaux face au stress. Sans doute est-ce dû aux hormones... mais, selon des études scientifiques, les jeunes femmes sembleraient mieux résister au stress que les hommes de leur âge. En revanche, passé la ménopause, elles seraient plus sensibles que leurs homologues. Cependant, les chiffres montrent que les filles sont plus souvent traitées pour surmenage, anxiété et dépression que les garçons.

La forme physique

Un corps en pleine santé, bien nourri et détendu est mieux armé face aux agressions extérieures qu'un autre tendu comme un arc, carencé et surmené.

La vie affective

La stabilité affective fait partie des composantes qui permettent de mieux réagir aux agressions. Pauline, qui change de fiancé tous les 15 jours, a plus d'occasions de stresser que Caro, qui vit avec Daniel depuis 10 ans. L'une connaît régulièrement l'angoisse du premier rendez-vous, se ronge les ongles en attendant un coup de fil, pianote comme une hystérique sur MSN pour « chatter » avec d'éventuels candidats à l'amour. L'autre ne se pose pas trop de questions, si ce n'est : « Qu'est-ce qu'on va regarder à la télé ce soir ? » Elle est moins stressée (mais qu'est-ce qu'elle s'emm...!).

Le style de vie

Si l'on vit dans un petit village, une capitale, en banlieue, un quartier résidentiel, près d'une forêt, d'une usine chimique, d'une voie de chemin de fer... les circonstances sont différentes.

Si l'on va bosser à pied, si l'on fait du sport, si l'on ôte les fesses de sa voiture pour les installer sur une chaise toute la journée, si l'on se couche à 22 h ou à l'aube, si l'on sort dans des endroits enfumés avec une musique qui fait « boumboum » à vous faire résonner les tympans, ou qu'on lit devant un feu de cheminée, etc., etc., les choses changent.

Si l'on fait son petit boulot peinard sans se fouler ou si l'on gère une entreprise au bord de la crise... les éléments ne sont pas les mêmes.

En résumé, le mode de vie est un facteur déterminant du niveau de stress que vous pouvez atteindre et surtout de la façon de le vivre.

Conclusion

Ces différentes circonstances influent notre mode de réaction et font basculer notre attitude en pôle négatif (ne pas maîtriser ses réactions, épuisement, irritabilité) ou en pôle positif (mise en alerte, énergie créative, inventivité).

Nous ne sommes donc pas tous égaux... Comme les solutions radicales ne sont pas souvent envisageables (devenir un homme, rajeunir, quitter le 13e arrondissement pour s'installer dans la Creuse, abandonner sa PME pour aller faire des fromages dans le Larzac, détourner les trains qui vous réveillent à 6 h du mat'...), mieux vaut essayer de « faire avec », de changer sa vision des choses, de s'A-DAP-TER.

Test : évaluez votre niveau de bien-être

Êtes-vous résistante au stress ? Êtes-vous positive ? À force de vous débattre dans vos soucis quotidiens de vous plaindre parce que « rien-ne-va-et-patati-et-patata », vous ne savez même pas si vous pouvez vous classer dans :

1. les cas pathologiques ;
2. la moyenne du commun des mortels ;
3. les trop-super-cool (vous avez un doute).

Répondez honnêtement (on vous connaît) aux questions suivantes par :

1. *Rarement*
2. *Parfois*
3. *Souvent*
4. *Toujours*

	1	2	3	4
Je fais 36 trucs en même temps.				
Je n'ai jamais assez de temps et, du coup, j'ai l'impression de tout bâcler.				
Quand je dois prendre une décision, j'hésite longtemps.				
Quand je suis au boulot, je pense à ma vie de famille ; quand je suis à la maison, je pense au boulot.				
Il m'arrive de m'emporter pour une broutille.				
Si je n'arrive pas à dormir au bout de 10 min, je prends quelque chose (un somnifère... pas mon doudou !).				
Manger est une perte de temps.				
Quand le feu passe à l'orange, j'accélère.				
Quand j'attends une réponse, j'envisage toujours la pire.				
Si je rate quelque chose, ça me rend malade.				
Avant un rendez-vous important, je vais aux toilettes 10 fois.				
Faire la grasse matinée, c'est perdre la moitié de la journée.				
Je consulte mes mails, mes textos plusieurs fois dans la journée (dans l'heure ?).				
Je n'arrive pas à me concentrer : j'ai tout le temps le cerveau en ébullition.				
Je regarde ma montre toutes les 4 min 36 s.				
Je suis du genre à tout garder pour moi.				
Les gens mous, lents, indécis m'insupportent.				
La pression me fait perdre mes moyens.				
NON, NON, NON, JE NE SUIS PAS ÉNERVÉE !!!				

Comptez vos points de la manière suivante : les réponses de la colonne 1 donnent 1 point ; celles de la colonne 2, 2 points ; etc.

Entre 20 et 30 : Ou bien vous êtes un modèle de « zénitude » ou bien vous manquez de peps... En tous les cas, vous arrivez parfaitement à maîtriser vos réactions face aux agressions de la vie quotidienne. Êtes-vous quand même sûre d'être au mieux de votre compétitivité et de votre productivité ? Sans doute avez-vous plutôt tendance à fuir les défis ?... Gardez en mémoire que le « stress positif » est stimulant, rend créatif et réactif !

Entre 31 et 50 : Apparemment, vous avez trouvé le bon compromis, l'équilibre entre le stress négatif et le positif. Vous savez maîtriser vos réactions et vous gouvernez plutôt bien votre vie. Tâchez de maintenir ce cap et ne laissez pas traîner les soucis ou les affaires à régler qui risqueraient de s'envenimer.

Entre 51 et 60 : Vous êtes comme une pile électrique, toujours pressée, toujours agitée, toujours débordée par vos émotions. Vous ne maîtrisez pas votre vie, ni vos réactions face aux événements du quotidien. Attention ! au moindre tracas supplémentaire, vous risquez de basculer dans des soucis de santé ou dans la dépression. Tâchez de changer votre mode de vie, vos attitudes, soyez vigilante sur votre alimentation, cherchez à faire de l'exercice et à vous détendre.

Plus de 60 : Consultez.

Identifiez votre réaction

Vous sentez bien que vous êtes tendue. D'ailleurs, tout le monde vous le dit. Et ça, c'est un signe. Malgré tout, vous êtes tellement prise par vos pensées, vous vivez tellement à 100 à l'heure pour boucler vos dossiers ou vous agitez tellement vos bras de Shiva pour tout faire, que vous ne prenez même pas le temps de prendre du recul et de constater que vous allez mal. Souvent, on a besoin d'une aide extérieure pour ouvrir les yeux.
Posez-vous 5 min et regardez-vous en face... peut-être allez-vous vous reconnaître ?
Faites la liste des signaux d'alarme que vous envoie votre corps :

Au niveau physique

- Insomnie.
- Hypertension.
- Ulcère.
- Maux de tête.
- Troubles digestifs.
- Syndrome du colon irritable.
- Acné.
- Eczéma.
- Baisse de la libido.
- Impuissance.
- Poids sur la poitrine.
- Tensions musculaires.

Au niveau psychologique

- Crises d'anxiété.
- Phobies.

- Troubles du comportement alimentaire (anorexie, boulimie).
- Irritabilité.
- Perte d'intérêt pour l'apparence personnelle.
- Envie de rester seule.
- Pessimisme.
- Dévalorisation.
- Etc.

Ça fait peur, hein ???

Comprendre les signaux envoyés par le corps, prendre conscience de l'impact du stress et des messages d'alerte, c'est déjà un bon début : identifier les situations qui vous font plonger dans un état négatif est un point de départ pour commencer à regarder les événements de la vie courante avec le recul nécessaire, pour ne pas se rendre malade et agir de façon constructive.

En apprenant à repérer ces signaux, vous faites déjà un pas vers la recherche du bien-être.

Comment commencer par le bon bout (et mettre fin à ce cycle infernal) ?

Il va sans dire qu'à l'heure des bilans, il est parfois difficile de savoir par où commencer : quand on a le sentiment que RIEN ne va, on ne voit même pas que l'on exagère. On va alors d'un extrême à l'autre, du genre : « Je vais TOUT laisser tomber »,

« Je vais TOUS vous abandonner et partir vivre sur une île déserte », « Je vais me retirer dans un monastère pour oublier TOUS mes problèmes » (le hic, c'est que la robe de bure, ça gratte !). Mais en fait, on ne fait RIEN. On continue de patauger dans nos soucis, de se laisser envahir par l'angoisse, de se ronger les ongles (ou de se rogner les moignons), on sombre de plus en plus. Et on attend que ça passe.

Cette méthode n'est donc pas la bonne. *Tout* remettre en question, en bloc, ça ne marche pas.

Pour élaborer une stratégie efficace, mieux vaut y aller doucement, étape par étape : quelques petits ajustements seront plus judicieux que de grands bouleversements. (Attention ! ça va faire mal : vous êtes prévenue).

Se poser les bonnes questions

Pour remettre les choses à plat, la bonne solution est de prendre suffisamment de recul pour regarder sa situation avec lucidité. Quelques pistes de recherche :

Dans votre boulot

- « Est-ce que je suis satisfaite du partage de mon temps entre mon travail, ma famille, ma vie perso ? »
- « Est-ce que je suis épanouie dans mon job (j'y vais en traînant les pieds, en me réjouissant, en pensant à mon salaire...) ? »
- « Ce travail correspond-il à mes valeurs et à ma notion de réussite ? Me permet-il de donner un sens à ma vie ? »
- « Quels sont mes rapports avec "Duboss" ? Est-ce qu'il me valorise, est-ce que j'existe pour lui ? »

Dans votre couple

- « Ma vie amoureuse me convient elle ? Est-ce que je suis satisfaite de la façon dont m'aime Jean-Michel ? »
- « Est-ce que la communication est bonne entre nous ? Est-ce qu'il m'écoute vraiment ? Et moi, est-ce que je tiens compte de son avis ? »
- « Comment je nous imagine dans 2, 5, 10 ans ? »

Avec les autres

- « Comment est-ce que je me situe par rapport aux autres : supérieure ? dévaluée ? sur un pied d'égalité ? »
- « Est-ce que mon entourage tient compte de mon avis ? Ai-je peur d'être jugée ? »
- « Suis-je respectée comme j'estime devoir l'être ? »
- « Est-ce que je joue la comédie ? Est-ce que je prends sur moi ? »
- « Comment est-ce que j'encaisse la critique ? »

Avec vous-même

- « Est-ce que je m'aime bien ? Est-ce que je fais attention à moi ou est-ce que je suis en jachère ? »
- « Est-ce que je supporte d'être seule ? » (Votre vie intérieure est-elle plutôt du genre feu d'artifice ou feu de paille ?)
- « Est-ce que j'arrive à dire ce que je pense, ce que j'éprouve, ce que je souhaite ? »

Plan d'action

Maintenant que vous avez les yeux bien ouverts, que vous êtes consciente de ce qui cloche dans votre vie, il ne s'agit pas de rester comme ça, les bras ballants.

Vous avez sans doute :

- évalué votre « niveau de pression » ;
- compris comment le stress se crée en vous ;
- identifié les situations dans lesquelles vous réagissez négativement ;
- mis le doigt sur les trucs qui font mal, qui vous dérangent, qui vous pourrissent la vie.

Maintenant, il vous reste à :

- apprendre à ne plus entrer dans un état de stress négatif ;
- apprendre à vous relaxer, à lâcher du lest, à retrouver un sommeil réparateur ;
- apprendre à gérer les conflits ;
- trouver l'équilibre dans vos relations aux autres ;
- voir les choses de façon positive ;
- croire que la vie est belle.

Y'a du boulot, n'est-ce pas ?

10 façons de faire le point sur votre vie

1. Apprenez à vous connaître

C'est la base de tout travail sur soi... Avant d'essayer d'être bien dans sa tête, d'améliorer ses relations aux autres, il faut être en paix avec soi-même, connaître ses points faibles et ses qualités, avoir de l'indulgence pour les premiers et de l'admiration pour les secondes. Prendre soin de se regarder vraiment, c'est commencer à être l'acteur de sa vie.

2. Regardez derrière vous

Savoir déceler ce qui, dans le passé, est à l'origine de certains de ses comportements permet de changer d'attitude et, souvent, de résoudre les problèmes. Repensez à votre enfance, à vos relations avec votre entourage, avec vos parents... pour analyser votre évolution et comprendre vos comportements actuels.

3. Reconnaissez vos « déclencheurs »

Nous répondons tous à des stimuli différents : si, pour votre amoureux, le comble de l'angoisse est atteint avant un rendez-vous chez le banquier, pour vous, il s'agit plutôt du moment où vous devez prendre la parole en public. Une fois que vous mettez le doigt sur les causes, une fois que vous comprenez que les mêmes situations amènent toujours aux mêmes résultats, vous êtes mieux armée pour ne pas vous laisser envahir par le stress.

4. Identifiez votre rapport au temps

Bien souvent, il est à l'origine de nos poussées d'adrénaline : pour quelqu'un qui est toujours en retard, toujours sous pression pour être dans le bon timing, les battements du cœur s'emballent à mesure que les minutes défilent... alors que, pour une personne organisée, à jour dans ses dossiers, le tic-tac de l'horloge n'est pas une menace. Pour atténuer votre stress, commencez peut-être par traiter le problème à la base...

5. Évaluez les équilibres

Pour cerner vos motivations profondes concernant votre boulot, revoyez quelle répartition vous faites entre le temps accordé au travail et celui passé à vous occuper de vous ou de votre famille. Prenez ainsi conscience de vos priorités : si vous constatez qu'elles ne correspondent pas à vos souhaits réels, apprenez à rééquilibrer le décalage qui existe.

6. Demandez de l'aide

Parfois, il est indispensable d'avoir un œil neutre pour juger d'une situation. Rangez votre fierté dans votre poche et demandez à une personne de confiance de vous donner son avis : elle ne trouvera pas forcément la solution, son jugement sera peut être inexact, mais cela aura le mérite de vous donner un nouvel éclairage et vous montrer les détails qui passaient inaperçus.

7. Cernez vos manques

Au lieu de partir du constat que quelque chose ne va pas dans votre vie et vous en plaindre, tentez d'identifier quel est le besoin qui n'est pas satisfait, quel est le « manque » qui vous fait souffrir. Exemple : vous négligez votre apparence... essayez de trouver ce qui se cache derrière cette attitude et de déceler le manque de confiance en soi qui vous fait agir ainsi.

8. Validez vos compétences

Dans son job, il est souvent utile de faire un point, d'évaluer si ses compétences sont suffisantes, si l'on est toujours « au goût du jour », si l'on n'est pas totalement dépassée par les nouvelles techniques... N'hésitez pas à demander à votre employeur de faire le bilan de votre situation et de suivre une formation si nécessaire. Plus sûre de vous, vous résisterez mieux à la pression.

9. Regardez les autres

Sans pour autant vouloir imiter votre meilleure amie qui arrive à s'en sortir avec ses trois enfants, son job super prenant et sa maison toujours au carré, essayez d'identifier dans son mode de vie les atouts qui font sa force (elle range ses factures au fur et à mesure / vous attendez que la pile s'écroule ; elle prévoit ses menus de la semaine / vous ouvrez le frigo à 20 h en vous demandant ce que vous allez préparer ; etc.). Prendre conscience de ses faiblesses, c'est déjà s'améliorer.

10. Prenez un papier et un crayon

Souvent, revenir à la bonne vieille méthode de la liste « du pour et du contre » peut se révéler être très efficace... Vous vous posez une question, vous êtes face à un problème, vous ne savez pas comment vous dépatouiller d'une situation : séparez une feuille en deux et notez d'un côté les points positifs et de l'autre les points négatifs. Faites la balance. Parfois, le seul fait de prendre le temps d'écrire, de mettre des mots sur les maux permet d'améliorer les choses.

2

Comment préparer le terrain pour avoir un moral d'acier

Comment trouver le bon point de départ

Qu'on se le dise : traîner en jogging sur le canapé toute la journée n'est pas un bon point de départ. Avoir un moral solide, être dynamique et résistante à la pression, ne pas flancher à la moindre contrariété (par exemple, pleurer parce qu'il n'y a plus votre taille pour ce petit modèle de blouse brodée chez H&M), c'est comme un entraînement sportif : cela demande rigueur et persévérance. C'est du boulot. On entend déjà celles qui, du fond de leur lit, les cheveux hirsutes et le bâillement au coin des lèvres, se plaignent d'être ainsi secouées. Pourtant, ce n'est pas en traînant mollement du canapé au fauteuil, en se prélassant dans un jogging poché aux genoux et en se nourrissant exclusivement de Chamallows que l'on peut se forger un mental de *winner*. Va falloir se bouger !

Vous vous doutez bien que la journée commence mieux quand :

- on vit dans un environnement clair et organisé (s'il faut une demi-heure pour trouver le pied droit de votre paire de chaussures, vous risquez de vous énerver dès le matin) ;
- on a le temps de lire deux pages de journal / se faire des anglaises / mettre une seconde couche de vernis sur sa *french*... avant de partir bosser, plutôt que de sortir les cheveux mouillés / boire son café debout / courir dans les couloirs de métro pour rattraper son retard ;
- on est bien reposée et bien nourrie (hypoglycémie + contrariétés + fatigue = *bad mood*).

Pour mener un combat loyal contre les tracas de la vie, il faut partir armée : pour être résistante comme le roc, se sentir dynamique et regarder l'avenir pleine d'espoir, il faut se forger un système de défense solide.

DÉMONSTRATION :

Comment « nourrir » son moral ?

Regardez deux secondes le contenu de votre assiette. Pensez-vous honnêtement que ce morceau de pizza tout gras et cette glace dégoulinante de caramel vont vous apporter tous les nutriments nécessaires pour être en pleine santé physique et psychologique ? Non, vous le savez bien. Pourtant, parfois, se jeter sur la nourriture peut être réconfortant : qui n'a pas eu envie de se gaver de chocolat pour soulager une peine de cœur ou de se bourrer de bonbons pour se remémorer les douceurs de l'enfance ? Il est montré scientifiquement que stress et alimentation sont intimement liés, la nourriture permettant une compensation à la douleur. *A contrario*, vous savez aussi que les régimes amaigrissants finissent par taper sur le système... (Souvenez-vous de ce cauchemar récurrent où un pot géant de fromage blanc à 0 % vous poursuivait en menaçant de vous engloutir : vous avez perdu 3 kg, mais vos nuits ont été agitées pendant 3 mois !)

Vous le saviez déjà : pour être en forme et pour se faire du bien, il faut avoir une alimentation saine, équilibrée et ne pas négliger le plaisir...

Les aliments de la positive attitude

Les bases de l'alimentation équilibrée, vous les connaissez toutes (que celles qui s'étonnent encore – « Ah bon ??? c'est gras, le confit ??? » – prennent directement rendez-vous chez un nutritionniste). Pourtant, il n'est peut-être pas inutile de rappeler certaines vérités fondamentales :

- Le contenu de votre assiette peut vous protéger des maladies, allonger votre espérance de vie, vous renforcer contre les agressions extérieures.
- Manger fait partie des plaisirs de la vie et contribue à votre bien-être psychologique.
- Vous êtes ce que vous mangez (pensez-y quand vous attaquez votre seconde assiette de saucisses-lentilles).

Révisions des essentiels

Nous connaissons toutes la fameuse pyramide qui représente sous forme schématique nos besoins quotidiens. Cette description de notre alimentation « idéale », reposant essentiellement sur la consommation de glucides lents (céréales, féculents), de fruits et légumes et de protéines, vient d'être quelque peu modifiée. De nouvelles études scientifiques montrent en effet qu'il y a de bons et de mauvais glucides, lipides et protéines. Du coup, les recommandations ont changé ces dernières années...

Pour notre bien-être et notre bonne santé, nous devrions donc consommer :

– des aliments céréaliers complets à chaque repas ;

– un assaisonnement à base d'huiles végétales (olive, colza, soja, arachide, etc.) ;

– 2 à 3 portions de fruits par jour ;

– des légumes en abondance ;

– 1 à 3 portions de noix et de légumineuses par jour (les pois, lentilles et autres graines) ;

– jusqu'à 2 portions d'œuf, de volaille ou de poisson par jour ;

– 1 à 2 portions de produits laitiers ;

– (à prendre avec parcimonie) beurre, viande rouge, riz blanc, pain blanc, pommes de terre, pâtes et sucreries.

Petits conseils en vrac pour retrouver et garder une alimentation équilibrée

- Préférez les aliments complets (pain, pâtes, riz...) qui apportent encore plus de fibres et de nutriments intéressants.
- Privilégiez les sucres lents (glucides complexes contenus dans les féculents, les céréales...) plutôt que les sucres rapides : ils vous donneront de l'énergie sur le long terme au contraire des glucides simples qui n'ont qu'un effet « coup de fouet » passager.
- L'eau est la seule boisson indispensable.
- Les pâtes ne font pas grossir : c'est la quantité et l'assaisonnement qui sont montrés du doigt (préférez le petit coulis de tomates/basilic plutôt que la sauce carbonara).
- Favorisez les fruits entiers et crus aux jus de fruits qui apportent certes des vitamines, mais qui ne vous permettent pas de profiter de toutes les fibres.
- Variez votre consommation de légumes pour bénéficier de l'ensemble des nutriments qu'ils peuvent apporter.
- Alternez les matières grasses utilisées et notamment les huiles (olive, colza, tournesol, etc.). Limitez l'usage des graisses animales au profit des végétales.
- Faites griller, pocher ou rôtir plutôt que frire.
- Évitez l'alcool.
- Méfiez-vous des aliments cachés (graisses, sucres, sel... ajoutés en excès dans les produits industriels).

Action sur le bien-être

Vous avez l'habitude de tenir compte des recommandations diététiques pour surveiller votre prise de poids. Prenez également conscience que le contenu de votre assiette a un effet sur votre moral et votre résistance.

- **Les féculents apportent de l'énergie :** vous en avez besoin pour accomplir vos multiples tâches (employée dynamique, mère exemplaire, amante experte) sans coup de pompe.
- **Les fruits et légumes apportent des vitamines, des minéraux et oligo-éléments :** nécessaires au bon fonctionnement des cellules, ils sont source de fibres. Garantie « effet ventre plat » (très bon pour le moral de rentrer dans un 38 sans retenir sa respiration) et apport calorique faible (archi-important pour ne pas pleurer devant le miroir des cabines d'essayage quand le 42 est trop petit).
- **L'huile de colza, les poissons gras (sardines, maquereaux) sont très riches en oméga-3 :** ces éléments permettent de limiter l'effet du stress sur l'organisme et de maintenir notre équilibre émotionnel. Des thèses scientifiques montreraient même qu'ils peuvent apporter une vraie alternative aux traitements médicamenteux de la dépression. Sans aller jusqu'à manger des rollmops tous les jours, pensez à consommer des oméga-3 plus régulièrement, en assaisonnant votre laitue avec de l'huile de colza notamment.
- **Certains composés du lait (comme la lactorphine) sont de véritables anxiolytiques :** respectez le quota de produits laitiers recommandés tous les jours.
- **Le magnésium est indispensable pour son action sur notre bien-être :** il limite l'impact des tensions sur le corps et favorise la transmission de l'influx nerveux. Le stress au quotidien fait augmenter nos pertes de magnésium dans les urines ; or, une carence provoque des troubles nerveux, de l'hyperémotivité, des spasmes et autres tremblements... Vous trouverez du magnésium en grande quantité dans le chocolat, certaines eaux minérales (on se doute que vous préférerez prendre une dose en croquant 2 carrés de 75 % de cacao

plutôt qu'en buvant un verre d'eau...), les légumes verts, les fruits oléagineux (noix, amandes, etc.).

- **La sérotonine est un neurotransmetteur qui influe sur notre comportement alimentaire :** son précurseur, le L-tryptophane, est un acide aminé que nous devons trouver dans notre alimentation puisque le corps ne peut pas le synthétiser tout seul. Il est particulièrement présent dans la dinde, les lentilles ou les légumes verts feuillus. Vous avez donc le droit de reprendre deux fois de la poule au pot.
- **Les vitamines permettent de lutter contre les infections, renforcent le système immunitaire, aident à la formation des cellules sanguines... :** plus résistante à la maladie, vous serez moins fatiguée, vous échapperez peut-être au rhume qui épuise, à la fièvre qui cloue au lit... à toutes ces situations qui vous affaiblissent et vous sapent le moral. Parmi l'ensemble des vitamines, la pyridoxine (vitamine B6) est particulièrement utile pour la production de divers neurotransmetteurs associés à l'humeur (sérotonine et dopamine). Elle est couramment appelée « la vitamine antidépression »... Ne nous privons pas ! On la trouve essentiellement dans la levure de bière, le son, le germe de blé, les flocons d'avoine, les bananes, les viandes, les volailles et les poissons.
- **Les antioxydants :** vous savez que votre crème de soin pour le visage en contient... Dites-vous que votre corps tout entier en a besoin ! L'organisme produit des « radicaux libres », substances émises, par exemple, pour donner de l'énergie mais qui peuvent, si elles sont en excès, avoir des effets négatifs sur les cellules (en les dégradant). Les antioxydants permettent de pallier ces inconvénients : le sélénium, le zinc, les vitamines... Ils aident à lutter contre ces déséquilibres et renforcent votre résistance... notamment contre le stress. En vous servant une grande assiette

de brocolis suivie d'une orange, le tout accompagné de thé, vous faites une bonne action pour votre mental !

La régularité : une des clefs du bien-être

Imaginons votre corps comme une chaudière : pour maintenir un rythme régulier, pour assurer une bonne combustion, pour éviter les surchauffes ou les baisses de régime, mieux vaut ajouter du charbon régulièrement. Les hypoglycémies inévitables si vous sautez un repas vous mettent dans un état de nerfs proche de l'hystérie. Les lenteurs de digestion après un repas trop copieux vous épuisent...

Pour être en forme, mieux vaut manger :

À des heures régulières

Les coups de pompe, de fatigue (et notamment le « fameux » de 11 h) sont dus à la baisse du taux de glycémie dans le sang. Pour maintenir un taux stable, mieux vaut avoir des prises alimentaires régulières. Rien n'est pire que sauter le déjeuner et se rattraper au dîner : non seulement vous serez affamée une partie de la journée (et prête à bouffer le premier client venu), mais vous mangerez n'importe quoi pour soulager votre estomac-criant-famine ensuite.

Si votre ventre fait des glouglous perceptibles à 3 m à la ronde, mieux vaut prendre une légère collation en attendant le prochain repas. Si vous êtes en réunion et que la chef vous lance un regard désapprobateur à chaque gargouillis, prétextez une pause-pipi et foncez à la machine à café pour pendre un petit quelque chose. Le mieux est tout de même d'éviter ce genre de situation en prenant un petit déjeuner suffisant ou en n'oubliant pas de manger des glucides au déjeuner, pour tenir le choc.

Attention : le grignotage n'est pas une bonne solution ! Se jeter sur les cacahuètes ou les barres chocolatées ne doit pas devenir une habitude : ces apports caloriques supplémentaires déséquilibrent le plus souvent votre alimentation et mènent directement à la prise de poids (et donc à la tentative de suicide en cabine d'essayage).

Ça fait du bien de le savoir !

Se coucher juste après dîner n'est pas une bonne idée pour favoriser le sommeil : pour profiter pleinement d'un repos réparateur, mieux vaut attendre une ou deux heures entre la fin du repas et l'endormissement.

En quantités raisonnables

Les aliments difficiles à digérer, les grosses quantités, les plats trop riches, etc. ne font pas bon ménage avec le bien-être : comment paraître souriante et détendue quand on a le ventre tout ballonné par une indigestion d'escargots à l'ail (d'autant qu'on a toujours un bout de persil qui reste coincé entre les dents...) ?

À l'inverse, des portions trop réduites (en vue de se glisser dans un fourreau en lamé pour la Saint-Sylvestre) ne vous apporteront pas l'énergie nécessaire pour tenir le coup : si vous vous imposez des restrictions dans le cadre d'un régime amaigrissant, ne tombez pas dans l'excès, proche de l'anorexie. N'hésitez pas à manger une pomme dans la matinée ou l'après-midi pour ne pas flancher.

Dans de bonnes conditions

Croquer un sandwich debout, vite fait, devant son ordi pour finir un dossier... rien de tel pour se faire des brûlures d'estomac, être *speed*, accumuler stress et fatigue. À l'heure des repas, faites une véritable pause : vous avez besoin de déconnecter un moment et de vous concentrer sur ce que vous mangez. Mâcher lentement, assise confortablement, en savourant chaque bouchée, sera la meilleure solution pour s'offrir un break. De même pour le dîner, une ambiance calme (faites manger les enfants avant vous s'il le faut), un repas structuré (pas un plateau-télé avalé sans prendre conscience de ce que l'on mange) vous aideront à vous détendre et à profiter de l'instant présent.

Ça fait du bien de le savoir !

L'eau est la seule boisson dont votre corps ait besoin. Si un petit café de temps en temps peut vous stimuler, vous réveiller et vous réconforter, sachez qu'une consommation excessive peut augmenter votre rythme cardiaque et vous mettre dans un état proche de la pile électrique. À déconseiller si l'on tente d'atteindre la « zénitude ». Si vous avez envie d'une boisson chaude, pensez au thé vert, par exemple, dont les vertus drainantes et antioxydantes vous aideront au contraire à vous sentir bien. (Il n'y a pas une interview de star américaine qui ne dise : « Je bois des litres de thé vert !!! » – comment font-elles pour aller faire pipi toutes les 5 min sur les plateaux de tournage ?)

Prenez du plaisir

La frustration est l'ennemie du bonheur, de la sérénité et de l'épanouissement : comment être détendue et souriante quand votre belle-sœur fil de fer engloutit trois profiteroles monstrueusement dégoulinantes de chantilly alors que vous ajoutez une sucrette dans le café qui vous sert de dessert ?

Ne pas manger suffisamment, s'imposer un régime « carottes râpées yaourt à 0 % » toute l'année n'est pas viable : au bout d'un moment, on finit par se jeter sur du gras et du sucré... Envolés, les beaux efforts !

La notion de plaisir est indispensable dans la recherche du bien-être et la lutte contre le stress : la nourriture en est une source indiscutable (la meilleure ???).

- **D'abord, parce que manger satisfait un besoin :** le soulagement de sentir son estomac creusé se remplir est une jouissance absolue. Ensuite, parce que nos papilles nous transmettent des messages de bonheur : le sucre, par exemple, déclenche la production de sérotonine par le cerveau. Or, cette substance est en quelque sorte le messager chimique du bonheur... Manger des aliments qui « font du bien au moral » est donc conseillé !
- **Le plaisir autour de la nourriture est également dû au partage et à la communication qui s'instaurent souvent au moment des repas :** dîner avec des amis, en amoureux, avec ses enfants (s'ils mangent leurs épinards sans hurler) sont des moments de convivialité qui participent à notre détente et à notre bien-être. Évidemment, si vous êtes angoissée à l'idée de rater votre soufflé pour le déjeuner de dimanche avec les beaux-parents, vous perdrez tout l'effet positif de la bonne chère...
- **Faire la cuisine peut avoir un côté très relaxant :** premièrement, parce que, pendant que vous écossez les haricots ou

que vous fouettez les blancs en neige, votre esprit se concentre sur autre chose que sur le découvert que vous avez creusé dans votre compte en banque en vous offrant votre quatrième paire de bottes. Ensuite, parce que cette pratique est valorisante : en élaborant un repas raffiné, en réussissant un plat difficile, en cuisinant un mets délicieux, vous faites preuve de vos compétences, de vos dons... et ça, ça fait du bien au moral (nous passerons plus rapidement sur le bénéfice quasi nul que l'on tire à faire cuire deux œufs au plat, même si l'on arrive à les servir sans crever les jaunes...).

- **Se faire du bien en mangeant est donc à la portée de toutes :** sachez profiter de cette voie d'accès direct au bonheur en savourant chaque bouchée !

Comment se mettre en condition pour le bonheur ?

Pour lutter contre le stress d'une vie trépidante, rien ne vaut mieux que la forme physique, l'endurance, le dynamisme. « Un esprit sain... » : vous connaissez la suite. En maintenant, votre corps en forme, vous préparez le terrain, vous vous mettez en conditions pour adopter la « positive attitude ».

Explications :

Exercez-vous au bien-être

Une bonne hygiène de vie est indispensable pour lutter contre la fatigue, éviter les problèmes de santé et offrir une meilleure résistance aux agressions du quotidien. Non seulement l'exercice physique vous maintient en forme, mais en plus il vous stimule, vous motive et vous apporte des satisfactions (arriver à enchaîner 10 séries d'abdos fessiers sans serrer les dents et suer comme un bœuf, ça dope l'ego !).

Là encore, c'est la régularité qui compte : ce n'est pas parce que, un dimanche matin, vous allez enfiler votre nouveau jogging Sonia Rykiel (rien que pour ça, vous êtes prête à faire du sport), faire 10 fois le tour du lac en crachant vos poumons et arriver chez vous sur les rotules, que vous pourrez tirer bénéfice de vos efforts. Non, ce qu'il faut, c'est travailler souvent pour renforcer le système musculaire et acquérir de l'endurance.

1 heure d'exercices (même sans transpirer) 2 fois par semaine sera plus efficace qu'un cours de *pump*-aérobic (dont vous sortez suante et épuisée) 1 fois de temps en temps. Les meilleures activités physiques pour chasser le stress étant les exercices rythmiques et progressifs plutôt que frénétiques et basés sur la compétition (vous voulez a-bso-lu-ment faire 1 série de plus que la bimbo en lycra fuchsia qui se dandine au premier rang).

Top 10 des activités qui permettent de se vider la tête tout en se faisant un corps de rêve

– La marche rapide
– La natation
– La course à pied
– Le vélo (en extérieur ou pas)
– Le Pilates
– Le stretching
– Le tai-chi
– La danse
– Les cours d'aérobic, de cardio-training, etc.

– Le roller

....

Les bénéfices pour le corps

Premièrement, quand vous pédalez comme une folle sur votre vélo, vous oubliez que la nounou vous a fait faux bond / que Sophie a acheté la même robe que vous, mais en soldes / que « Duboss » vous a convoquée demain. Ça, c'est déjà pas mal.

Pendant l'activité physique, le cerveau produit des endorphines qui ont une action calmante et permettent d'augmenter la résistance face aux tracas de la vie quotidienne. D'autres substances sont émises, telle la noradrénaline connue pour son rôle dans la régulation des troubles de l'humeur, comme la dépression.

Presque tous les organes tirent des bénéfices de l'exercice physique : le cœur est renforcé, les os solidifiés, les muscles tonifiés, la circulation du sang activée... les taux de cholestérol, de glycémie, l'hypertension sont améliorés, etc. : un vrai miracle en somme !

D'autre part, la sensation de détente qui suit un effort physique, le relâchement musculaire, la « bonne » fatigue qui vous empare après une douche délassante... sont des perceptions très agréables, qui réconfortent, qui font du bien au moral.

Et – cerise sur le gâteau – comme le sport aide à remodeler son corps, à le dessiner, à le tonifier... l'effet sur le moral est indiscutable ! La cuisse affinée, le ventre tonifié, le dessous du bras moins pendouillant... ça vous dope illico !

Ça fait du bien de le savoir !

Attention ! le sport à haute dose peut devenir une drogue. Ne tombez pas dans l'excès inverse (avant, vous étiez aussi tonique qu'un loukoum ; maintenant, vous enfilez vos baskets même pour aller au boulot en courant). En vous fixant des objectifs trop hauts (faire une longueur de plus à chaque baignade, lever la jambe par-dessus l'oreille...), vous risquez de vous mettre la pression inutilement (et de vous faire un claquage) !

Rechargez vos batteries

Vous êtes à bout de nerfs, rongée par les soucis... difficile d'envisager d'aller se coucher et de s'endormir facilement ! Rien de pire que d'attendre le marchand de sable, allongée les yeux grands ouverts : et d'abord, c'est qui ce type qui décide de l'heure à laquelle il va jeter sa poignée de poussière ?!?

Pour faire face à votre vie quotidienne, aux sollicitations permanentes et répétitives que vous lui faites subir, votre corps va sans cesse puiser dans ses réserves d'énergie... mais elles ne sont pas intarissables. Et, une fois qu'elles sont à sec, c'est l'engrenage fatigue-chronique-baisse-de-moral qui s'enclenche.

Vous ne pensez qu'à une chose : DOR-MIR.

Ça fait du bien de le savoir !

Trop dormir ne garantit pas forcément une forme éblouissante au réveil : on a le sentiment d'avoir perdu sa journée, on n'arrive pas à se « réveiller », l'esprit est engourdi... D'ailleurs, cela peut être un symptôme de la dépression (on veut se coucher pour ne plus penser...). Pour mieux profiter de son sommeil, il ne s'agit pas forcément de dormir plus, mais de dormir mieux.

Quelques clés pour améliorer son sommeil

- **Créez un environnement propice.** Silence, calme, lumière douce, température agréable (entre 18 et 20 °C)... sont des conditions indispensables pour un bon endormissement. Si vous avez les pieds froids, enfilez une paire de chaussettes (et tant pis si ce n'est pas glamour !) : on ne peut s'endormir avec les extrémités gelées (et si on les colle sur les jambes bien chaudes de son amoureux, on risque de l'énerver).
- **Choisissez des aliments qui favorisent le sommeil.** La banane, les produits laitiers, par exemple, contiennent des substances qui aident à l'endormissement. Bien entendu, évitez les excitants (café, cola, alcool, cigarette...).
- **Dînez légèrement.**
- **Respectez votre horloge interne.** Pas la peine de lutter quand vous bayez aux corneilles sous prétexte que vous allez rater la fin du film... peut-être qu'en vous forçant ainsi à rester éveillée, vous allez laisser passer un cycle de sommeil et vous devrez attendre des heures avant de ressentir de nouveau l'envie d'aller vous coucher ?
- **Essayez de respecter un rythme régulier.** Couchez-vous et levez-vous à des heures identiques tous les jours (d'ailleurs, dès que vous faites un écart, vous en subissez les conséquences toute la journée qui suit, non ?).
- **N'ayez pas d'activité cérébrale intense le soir.** Non pas qu'on vous conseille de vous abrutir devant une émission qui « vide le bulbe » pour favoriser votre sommeil, mais ne vous lancez pas dans des débats intellectuels avant de passer au

lit : vous seriez bonne pour une nuit blanche (à moins de dîner avec un nouvel amoureux agrégé de philosophie). De même, se coucher juste après un effort physique intense n'est pas recommandé pour trouver le sommeil (rythme cardiaque, température et adrénaline élevés).

- **Ne vous engueulez pas avec l'Homme sur l'oreiller.** Rien de tel pour ne pas fermer l'œil. Ou alors, soyez sûre de vous réconcilier avant le moment de dormir. Vous pouvez également faire comme si de rien n'était... mais attaquer le sujet au petit déjeuner (au risque de gâcher la journée qui commence) !
- **Si vous n'arrivez pas à trouver le sommeil tout de suite,** ne vous énervez pas en répétant : « Je veux dormir, JE VEUX DORMIR... » Plutôt que de ruminer, mieux vaut rallumer la lumière, se lever pour aller boire un verre d'eau (pas trop, sinon vous serez réveillée par l'envie de faire pipi), écouter son iPod (ou la radio : une bonne émission culturelle sur la reproduction des mouches en Papouasie, il n'y a rien de plus soporifique !)...

Les somnifères

Vous seriez bien tentée par une petite pilule qui fait sombrer en moins de deux... comme les millions de Français qui en consomment (et creusent tous les jours le « fameux » trou de la Sécu). Notre pays est tristement en tête du peloton européen dans le domaine de la consommation de psychotropes... Saviez-vous que les remèdes pour dormir existent depuis l'Antiquité (comme quoi, les troubles du sommeil ne sont pas une conséquence du stress moderne) ?

Sans être totalement opposée à leur usage (ils sont parfois indispensables pour traverser des périodes difficiles), il ne faut pas croire qu'il s'agit de « pilules magiques » sans conséquences.

Les types de traitements sont très nombreux, du plus doux au plus lourd. S'il existe des formules que l'on peut acheter sans ordonnance, mieux vaut malgré tout consulter votre médecin avant d'y recourir : pour trouver celui qui vous conviendra le mieux, il tentera de cerner l'origine du problème. Et souvent, un somnifère n'est pas la solution idéale. Si vous vivez une mauvaise passe, peut-être qu'un anxiolytique vous aidera mieux à traverser les turbulences...

Malgré les progrès constants, le problème majeur avec ce genre de médicaments reste l'accoutumance : c'est pourquoi les traitements sont en général de courte durée. Des effets secondaires désagréables peuvent aussi apparaître (bouche sèche, somnolence dans la journée, modification de l'appétit, etc.)...

S'ils peuvent servir de béquille pour vous aider de manière ponctuelle, mieux vaut trouver d'autres solutions, plus naturelles.

Une tisane et au lit !

Faites plaisir à votre mamie et préparez-vous des infusions de plantes, dont les vertus ne sont plus à démontrer. Essayez l'aubépine, la passiflore et la valériane, intéressantes en cas de troubles du sommeil liés à une anxiété, une nervosité ou au stress de la vie urbaine. Le houblon a des propriétés sédatives : il agit sur l'anxiété mais aussi sur l'humeur des dépressifs. L'escholtzia est un véritable hypnotique naturel agissant sur les difficultés d'endormissement, les cauchemars et les réveils nocturnes...

Vous trouverez le plus souvent des mélanges de plantes qui associent les différentes actions pour un effet maximal. À tester absolument.

Préparer son environnement (pour y voir plus clair)

Regardez autour de vous : un évier débordant de vaisselle grasse, des monticules de fringues qui barrent l'accès de votre lit (oh, vous êtes juste un peu... hésitante, le matin !), des piles de papiers « à classer »... Devant un tel décor, comment :

– partir de chez soi légère, prête à affronter une bonne journée ?
– ne pas avoir envie de se cacher sous son oreiller ?
– avoir le sentiment de maîtriser sa vie ?

Face au stress, à la pression, aux idées noires si difficiles à contrôler, mieux vaut ne pas évoluer dans un environnement hostile. Trouver ses clés facilement parce qu'elles sont toujours rangées au même endroit, payer ses factures au bon moment parce qu'elles étaient bien classées, avoir de quoi improviser un dîner parce que les placards sont toujours pleins... voilà qui fait du bien.

Et puis, jouer la « tornade blanche », ça dope l'ego.

S'organiser pour ne pas pleurer

L'objectif est d'arriver à reprendre prise sur sa vie, à ne plus se laisser déborder, à savoir où l'on va. Pourtant, rien de plus déprimant que d'être face à une tâche et ne pas savoir par où commencer...

Évidemment, il n'y a pas de solution miracle, ni de coup de baguette magique : à un moment où un autre, il va falloir s'y coller. Passé le premier moment où l'on n'a vraiment pas envie de s'y mettre, où l'on panique, où l'on a qu'un seul souhait :

laisser tomber... dès que l'on a commencé, le système s'enclenche.
Par exemple, votre maison n'est qu'un vaste chantier (vous êtes prête à vous inscrire pour le casting de l'émission *C'est du propre !*) : plutôt que de vous asseoir sur le canapé (en poussant les jouets du petit et le tas de linge à repasser) et soupirer, procédez de façon méthodique.
DÉMONSTRATION :

Préliminaires

1. Prenez votre courage à deux mains.
2. Passez en revue chaque pièce. Identifiez les problèmes qui se posent pour chacune : les placards de la cuisine ne sont pas rangés – du coup, vous achetez des boîtes de thon alors qu'il vous en reste trois sur l'étagère du haut – ; dans la chambre, le linge de toute la famille est mélangé et vous perdez du temps à retrouver la chaussette droite de Bibounet ; votre bureau est couvert d'enveloppes non ouvertes et vous avez encore laissé passer la date-butoir pour payer les charges...
3. Cette prise de conscience, ce sentiment d'agir, de prendre les choses en main boostent votre moral : vous êtes prête à abattre des montagnes !

Plan d'attaque

Parce que c'est bien beau d'être super motivée, mais que ça ne suffit pas, il va falloir s'y mettre. Une fois que la décision de ranger est prise, appliquez quelques règles simples (valables pour chaque pièce) :

Faire du tri

– Ce que vous utilisez tous les jours / que vous aimez : on garde.

– Ce qui n'est pas vraiment utile, mais qui peut servir : on garde, mais on range ailleurs (cave, grenier) et proprement (dans des malles, des cartons, le tout bien étiqueté).

– Ce dont on ne se sert pas : on donne, on vend, on jette.

S'équiper

Pour pouvoir ranger, il ne suffit pas de s'armer de bonne volonté : il faut du matériel ! Étagères, boîtes, dossiers, chemises... autant d'outils qui permettent de classer, de séparer, d'ordonner vos affaires. Mais n'allez pas non plus croire qu'il suffit de les avoir pour que le rangement se fasse tout seul...

Donner une place à chaque chose

Pour trouver l'emplacement le plus pratique, rien de mieux que de s'imaginer en situation, au moment d'utiliser l'objet.

Persévérer

Ce n'est pas parce que vous aurez fourni un énorme effort pour y voir plus clair qu'il faudra se reposer sur ses lauriers : l'invasion est sournoise, mieux vaut la prévenir au jour le jour. Il est plus efficace de ranger un peu tous les jours pour ne pas se retrouver de nouveau dans l'anarchie (et être encore plus déprimée qu'au début).

Je garde ou je jette ?

Petit test concret à faire passer aux objets au-bord-de-la-poubelle :

« L'ai-je utilisé depuis l'année dernière ?

– Est-il en bon état de marche ?

– Est-ce que j'envisage une possibilité de m'en servir dans un futur proche ?

– Est-ce que je trouve plus utile de le garder ou de récupérer la place qu'il occupe ?

– Est-ce que je l'aime ?

– Est-ce que cela va me coûter de l'argent / du temps pour retrouver l'équivalent ? »

Une fois que l'objet aura réussi ou échoué cet examen, vous saurez que faire de lui !

Gérer le temps

Rien de plus stressant que d'être pressée, frustrée par le sentiment que tout va trop vite, que rien n'est fait « à fond », sans cesse obsédée par la montre...

Le temps est une notion à la fois immatérielle et très concrète, un paramètre qui détermine votre qualité de vie, qui vous met sous pression et qui vous donne ou non la liberté de faire les choses comme vous le voulez.

Nous n'avons pas de contrôle sur le temps. En revanche, nous pouvons choisir *comment* le passer ou plutôt comment ne pas le perdre. Bien gérer son temps, c'est faire des choix en tenant compte de ses valeurs et de ses objectifs... Et prendre ainsi les choses en main, c'est signe qu'on a le moral !

1. Lister ses priorités

Vous vous éparpillez, faites trente-six choses à la fois, vous vous déconcentrez et perdez de précieuses minutes avant de reprendre le fil de votre activité...

Pour ne pas se laisser prendre par la spirale infernale, la seule solution est de savoir où l'on va et, pour ça, établir la hiérarchie de ses priorités est essentiel.

Perdez quelques minutes tous les jours pour réfléchir à ce que vous allez faire : vous prendrez le recul nécessaire pour établir quelles sont les choses indispensables, nécessaires et secondaires. Attention : ce qui est urgent n'est pas forcément ce qui est important ! En fixant ainsi les choses, vous aurez moins tendance à traiter les problèmes dans l'ordre dans lequel ils se présentent (qui n'est pas hiérarchisé), mais plutôt selon leur valeur pour vous.

Dressez des listes de « choses à faire » : le fait de mettre tout ça par écrit permet de mieux prendre conscience de leur nombre (et d'en garder un peu pour le lendemain...). Appréciez ensuite le bonheur de barrer chaque tâche accomplie (ne trouez pas la feuille en rayant rageusement le papier).

2. Faire des estimations réalistes

Vous vous dites toujours : « Oh, j'en ai pour 10 min... » et, 1 h après, vous y êtes encore ! Que cela soit pour votre brushing ou pour la rédaction d'un mémo, vous n'arrivez pas à évaluer le temps nécessaire. Du coup, vous êtes tout le temps en retard.

Pour améliorer les choses, chronométrez-vous une fois pour toutes. Mesurez le temps qu'il vous faut pour certaines tâches répétitives : vous rendre au travail, passer l'aspirateur ou repasser une chemise. Les fois suivantes, il sera plus facile d'établir votre planning.

3. Se concentrer

On perd beaucoup de temps en se laissant distraire alors que l'on s'occupe de quelque chose... Il faut ensuite reprendre le fil, se remettre dans le bain – ce qui coûte de précieuses minutes. Fixez-vous des objectifs à très court terme, allez jusqu'au bout et, seulement à ce moment-là, accordez-vous une pause.

4. Identifier les « voleurs de temps »...

... et tâchez de leur résister :

- Surfer sur Internet sans but précis.
- Écouter les histoires des collègues plutôt que terminer un dossier.
- Commencer par le plus facile, par ce qui vous plaît...
- Vouloir trop bien faire.

5. Déléguer

Une fois que vous avez identifié quelles sont les tâches prioritaires, celles pour lesquelles vous êtes irremplaçable, acceptez de passer le relais à quelqu'un d'autre pour accomplir les « basses besognes ». On sait bien que l'on n'est jamais mieux servi que par soi-même... Mais parfois, il vaut mieux moins de « perfection » pour ce qui vous semble moins important et garder du temps pour l'essentiel.

10 façons de préparer son bien-être

1. Préparez des menus « bien-être »

Oubliez la pizza quatre fromages (qui peut néanmoins être très réconfortante certains soirs de grand froid) et préférez vous organiser de petits repas « spécial bon moral » : sardines à l'huile, pain complet, dinde aux brocolis (saupoudrée de levure de bière et de germes de blé), crème au chocolat. Mais non, ce n'est pas un menu déprimant !

2. Mangez du frais !

Aller au marché pour faire le plein de produits frais est doublement positif : non seulement vous achetez des fruits et légumes parfaits pour votre alimentation « spécial bonheur », mais, en plus, les couleurs, les odeurs et la convivialité des lieux sont propices à la bonne humeur (un vrai fromager est plus sympa qu'un rayon éclairé au néon, même si le bonhomme est bougon).

3. Bougez comme vous aimez

Trouvez une activité physique qui vous plaise (sinon vous abandonnerez très vite) et qui vous corresponde : course à pied pour celles qui préfèrent être à l'extérieur, tennis pour celles qui aiment la notion de jeu, flamenco pour celles qui ont la fibre artistique... En plus du bénéfice physique que vous en tirerez, vous aurez pris du plaisir (ce qui ne court pas les rues).

4. Préparez votre dodo

Bien dormir, ça s'organise : un petit rituel d'avant le coucher, c'est l'assurance de trouver le sommeil ! Rappelez-vous quand vous étiez petite : impossible de vous endormir sans votre mouchoir tout mâchouillé et la jolie veilleuse allumée. Vous n'avez pas beaucoup changé... Se servir un verre d'eau, éteindre les lumières, retaper son oreiller, etc. sont autant de petits gestes qui, par leur répétition, vous mettront en « mode-automatique-direction-Morphée ».

5. Oubliez tout !

Souvent, ressasser ses soucis empêche de fermer l'œil... Forcez-vous à penser à autre chose ! Pour sombrer doucement, fabriquez-vous un rêve taillé sur mesure : mentalement, visitez toutes les pièces de la maison idéale, imaginez ce que vous feriez si vous étiez enfermée toute la nuit aux Galeries Farfouillettes, visualisez votre garde-robe si vous veniez à gagner à l'Euro Millions... vous canaliserez ainsi vos pensées et sombrerez plus facilement dans le sommeil.

6. « Laissez-moi tranquille ! »

Ce n'est pas parce que le téléphone sonne que vous êtes obligée d'y répondre : si vous êtes occupée à quelque chose (et qu'une interruption peut vous faire perdre du temps), si vous profitez d'un moment de détente, si vous êtes plongée dans un roman passionnant... vous avez le droit d'être injoignable. Pour vous rassurer, vous pouvez toujours vérifier qui vous appelle en regardant le numéro qui s'affiche : vous répondrez à votre mamie en détresse, mais pas à Sophie qui veut vous raconter ses malheurs.

7. Estimez votre efficacité

Vous savez que, le matin, vous êtes lente au démarrage : consacrez votre « mise en route » aux tâches qui ne nécessitent pas beaucoup de concentration, aux problèmes vite résolus. Programmez les rendez-vous importants, les réunions décisives pour les moments où vous vous sentez la plus productive.

8. Apprenez l'autonomie à vos enfants

Mettre le couvert, débarrasser la table, ranger ses jouets... en leur demandant de s'occuper eux-mêmes de leurs affaires : non seulement vous les responsabilisez (très bon pour leur mental), mais vous évitez de perdre du temps dans des tâches répétitives (pas du tout épanouissantes pour vous).

9. Prévoyez à l'avance

Rien de tel que l'organisation, l'anticipation, pour s'éviter les angoisses de dernière minute. Bien sûr, un peu d'improvisation est excitante, la surprise casse le train-train quotidien, mais vivre tout le temps sans rien planifier peut être stressant. Comme pour tout, c'est le juste milieu qui compte : prévoyez les grandes lignes de votre vie (« Dans 6 mois, je pars en vacances », « Dans 1 an, je déménage ») tout en laissant la porte ouverte à l'imprévu (qui vous tombera dessus sans crier gare).

10. Faites ami-ami avec l'herboriste

C'est pas qu'on soit à fond dans la tendance *bobo*... mais avant de se jeter sur les pilules-qui-font-dormir-même-quand-on-n'-a-pas-sommeil, pourquoi ne pas essayer la bonne vieille tisane qui fait ses preuves depuis des millénaires ? Bien sûr, on peut toujours tester les classiques verveine, tilleul, camomille, etc. connus pour leurs vertus apaisantes, mais rien de tel que de s'adresser à un spécialiste, qui connaît les formules efficaces et les mélanges les plus adaptés à votre cas. Et puis, ça sent si bon...

3

Comment se construire un moi à toute épreuve

Comment ne pas mettre la tête dans le sable ?

Ça, c'est bon que pour les autruches ! En ce qui vous concerne, quitte à avoir un grand cou, vous préféreriez vous comparer à un cygne plutôt qu'à une volaille australienne. Stressée, négative, à bout de nerfs, broyant du noir... vous avez plutôt tendance à :

- vous isoler ;
- vous sentir nulle ;
- vous laisser envahir par vos émotions.

Or, il est clair que ces différents comportements sont en totale contradiction avec l'image que vous aimeriez renvoyer : celle d'une fille dynamique, sûre d'elle, ouverte, en harmonie avec elle-même...

Ce décalage entre ce que vous êtes et ce que vous aimeriez devenir, cette attitude de fuite, ce regard négatif que vous jetez sur vous... vous sentez bien que ce n'est pas un bon départ pour aller vers le bien-être. Regardez les choses en face : pour faire de votre vie une belle histoire, il va falloir en apprécier le personnage principal, vous. L'estime et la confiance en soi sont les bases de toute démarche vers l'épanouissement personnel. Avant de pouvoir aller vers les autres, pour leur donner envie de vous connaître, de vous aimer... il faut d'abord vous mettre en valeur, vous accepter, croire en vous. Personne ne pourra le faire à votre place. Donc, on sort la tête du sable, on se regarde dans le miroir et on se dit : « Je t'aime, toi ! »

Comment faire pour dire : « Elle est géniale, cette fille » (en parlant de soi-même) ?

Évaluez votre niveau d'amour pour votre petite personne (entourez les puces qui vous correspondent) :

- « Quand quelque chose va mal, je suis sûre d'être responsable. »
- « Ce que j'aime chez moi ? Euh... mes doigts de pieds ! »
- « Je voudrais changer plein de choses en moi. »
- « Quand on me félicite, j'ai du mal à croire que c'est sincère. »
- « Je ne sais pas trop ce que je veux dans la vie. »

Vous êtes une fille intelligente (mais si, mais si !!!) et vous vous rendez bien compte qu'en ayant entouré au moins deux de ces affirmations, vous avouez que votre blason n'est pas des plus dorés...

En gros, vous ne correspondez pas tout à fait à l'idéal que vous vous êtes fixé : quand vous jugez vos comportements, vos actions et votre façon d'être, vous n'êtes pas vraiment fière de ce que vous voyez.

Or, l'estime de soi est une sorte de baromètre qui nous permet d'évaluer si nous sommes en accord avec nos valeurs (exemple : « Je viens d'expliquer, clairement et sans m'énerver, à ma mère qu'à 25 ans passés, je n'ai plus à me justifier sur mes activités nocturnes → je suis fière d'être une grande fille → je me sens valorisée »).

En fait, nous nous jugeons en permanence et, selon nos actions, le verdict est plus ou moins en notre faveur : voilà pourquoi l'estime de soi est une notion variable, dont les hauts et les bas influent beaucoup sur notre moral.

Comment faire pour changer les choses ? D'abord, comprendre...

Repérer les signes d'un manque de confiance en soi

Les gens qui manquent de confiance en eux ne sont pas forcément des êtres transparents qui se cachent dans des trous de souris pour ne pas être repérés. Il y a d'autres signes qui trahissent cette erreur de jugement sur eux-mêmes :

- Bien sûr, la timidité est une des formes les plus flagrantes de ce problème. Ne pas aller vers les autres de peur de se dévoiler, craindre leur regard et leur jugement, etc. sont des signes évidents. Mais ce symptôme n'est pas le seul.
- Refuser tout engagement affectif, ne pas vouloir s'attacher, mettre des distances... (c'est tout Jean-Michel, ça !) sont un symptôme du même problème.
- Se cacher derrière des kilos superflus, se construire une carapace pour surtout ne pas séduire.
- Faire le pitre en permanence pour ne pas aborder de sujets intimes ou délicats.
- Développer un complexe de supériorité, se vanter d'avoir tout vu, tout fait, parader, etc. pour se donner une contenance.
- Plus grave : avoir des comportements autoagressifs (mutilations, tentatives de suicide, etc.).

Vous vous reconnaissez ?

L'estime de soi améliore la qualité de la vie

Pour aller de l'avant, progresser, se considérer comme un être humain qui mérite de vivre, d'avoir des plaisirs... il faut avoir une bonne estime de soi. Quand on ne croit pas en soi, on n'a pas envie de repousser ses limites, on ne se fixe pas d'objectifs, on ne rêve pas. Dans les relations aux autres, on accepte d'être traitée avec peu de respect, on a du mal à croire que quelqu'un puisse nous aimer pour ce que l'on est.

Au contraire, quand on se juge de manière positive, on voit grand pour son avenir, on pense que l'on mérite de réussir. Et ça, ça booste.

Comme on le voit, l'estime de soi ou son absence peuvent créer des spirales montantes ou descendantes.

- « Je ne m'aime pas → j'accepte que l'autre me dévalorise → mon image de moi en prend encore un coup. »
- « Je m'aime → les autres reconnaissent ma valeur → le regard positif des autres me pousse à aller plus loin. »

Pour atteindre votre objectif « Je vais bien, tout va bien », il est donc essentiel de modifier le regard que vous portez sur vous.

Étape 1 : arrêter de se dévaloriser

Vous venez de rater votre mayonnaise... c'est sûrement :

- parce que vous ne savez rien faire de vos dix doigts (pourtant, vous avez un robot qui est censé faire la mayo tout seul, mais vous avez perdu l'ustensile qui convient) ;
- parce que vous n'êtes pas à la hauteur (de votre mère qui était une cuisinière hors pair) ;
- parce que vous êtes trop étourdie (vous avez oublié de mettre la moutarde).

Si l'on faisait la liste des défauts que vous vous trouvez, il faudrait se lever tôt (et ça, vous détestez).

Pensez-vous être vraiment lucide en vous dépeignant comme une pauvre-petite-chose-à-qui-il-arrive-tous-les-malheurs-du-monde-parce-qu'elle-est-une-victime-et-qu'elle-n'a-pas-demandé-à-naître-dans-un-monde-si-vilain-et-rempli-de-méchants-qui-lui-en-veulent ???

Mettons plutôt votre tendance à vous dévaloriser sur le compte d'une grande timidité ou d'un problème d'affirmation de soi.

Parfois, il faut chercher, dans l'enfance, l'éducation, l'origine de cette difficulté à s'apprécier : peut-être avez-vous eu l'impression que, petite, vos parents ne vous ont pas assez regardée, qu'ils n'ont pas su vous soutenir, vous encourager ?... Sans leur jeter la pierre (chacun fait ce qu'il peut et les parents qui cherchent volontairement à nuire à leurs enfants ne courent pas les rues), essayez de comprendre leur comportement pour mieux accepter leur attitude.

Ça fait du bien de le savoir !

Le regard porté par les parents prédispose les enfants à avoir une bonne estime de soi. À l'inverse, ils peuvent faire des erreurs dont les répercussions seront grandes sur leur avenir... Dès sa naissance, le bébé se nourrit des paroles réconfortantes de ses parents ; ensuite, à force d'accompagnement et d'encouragements, il développe son désir d'aller vers l'extérieur, de grandir. Même s'ils fixent des interdits, les parents autorisent l'audace de l'enfant. Ils lui apprennent également à accepter ses échecs (« Tu es tombé, ce n'est pas grave : relève-toi et tu apprendras à marcher »). Cette reconnaissance-là, cet intérêt et ce regard sans jugement sont le moteur de l'estime et de la confiance en soi.

Apprendre à se relever se fait donc dès le plus jeune âge : en cessant de mettre vos échecs sur le compte d'une prétendue médiocrité, mais en reconnaissant que vous avez fait des erreurs ou que votre adversaire était plus fort, vous mettez le holà au cercle vicieux de la dépréciation de soi.

Dans le même ordre d'idées, accepter de réussir sans culpabiliser (par rapport aux autres qui échouent) montre que vous êtes consciente de vos qualités et de votre valeur : votre cote remonte !

Exercice pratique : arrêtez donc les autocritiques !

- Dès que vous vous entendez prononcer des phrases telles que : « C'est de ma faute si... », « J'ai été mauvaise pendant cet entretien », etc., reformulez : « Je reconnais avoir fait une erreur... », « Ce job ne me motive pas assez, je suis trop sincère pour arriver à le cacher ». Tout en ne vous cherchant pas d'excuses, vos mots seront plus positifs.
- Dire du mal de soi pour chercher le compliment n'est pas une bonne méthode ; vous demandez : « Je ressemble à une bouteille de Perrier avec cette jupe-boule, non ? » en espérant que l'on vous répondra : « Mais noooooon, elle te va trop bien. » Deux risques :
  1. On peut vous rétorquer : « C'est vrai ; enlève-la tout de suite, on dirait que tu es enceinte de 6 mois. »
  2. À force de le dire, vous entretenez votre mauvaise image (du coup, vous mangez deux fois du dessert et, là, vous prenez vraiment de l'estomac).
- Arrêtez de vous excuser ou de minimiser votre réussite : si vous avez été élue « meilleure employée du mois », ce n'est pas parce que les autres ont été moins bons, mais bel et bien parce que vous avez été la plus performante.

Étape 2 : prendre conscience de soi (de sa vraie nature)

Outre l'importance du rôle de nos parents dans notre appréciation de nous-mêmes, la société nous donne en permanence des modèles auxquels nous souhaitons nous identifier et qui nous poussent à rechercher la ressemblance avec nos vies : couple épanoui, réussite sociale, enfants parfaits... Ces clichés que l'on nous impose dans les pubs ou les magazines nous font croire qu'il existe un idéal dont nous sommes très loin (chez nous, le breakfast n'est pas vraiment cette jolie réunion de famille où tout le monde est souriant en attendant « l'ami du petit déjeuner »...). Les médias, la dictature de l'image nous mettent la pression. En prenant du recul sur ces images d'Épinal, en étant conscients de leur côté « fabriqué », en acceptant que nous ne vivons pas dans un conte de fées, nous échappons aux comparaisons ; en ouvrant les yeux sur nos propres exigences, nos craintes, nos valeurs, nous reprenons pied dans la réalité, et cela marque une première étape dans l'acceptation de soi (même si c'est dur de comprendre que le Prince Charmant n'arrivera pas sur son cheval blanc...).

Exercice pratique

- **Cessez de vous identifier aux modèles que l'on vous impose :** les mannequins dans les magazines, les stars qui vous font rêver... Si cet idéal vous motive, pourquoi pas ? Si la comparaison vous fait souffrir parce qu'elle vous renvoie à votre imperfection, changez de référence (mieux vaut prendre mère Teresa comme modèle plutôt qu'Elle Macpherson).
- **Arrêtez de nier vos pensées, vos émotions, vos sentiments, vos actions...** Autorisez-vous à vous les approprier :

1. « J'aime ce style de musique / de fringues / de mode de vie : c'est mon choix, cela me correspond et j'ai le droit d'avoir ces goûts-là. »
2. « Je ne peux pas sentir ma belle-mère : malgré le rôle de composition (belle-fille idéale) que je dois jouer pour rester polie, je me donne la permission de la trouver susceptible et acariâtre. »

- **Prenez conscience que vous êtes responsable de vous, de votre vie, de vos choix.** Cela fait de vous l'acteur de votre existence. Vous ne subissez pas, vous créez votre vie (et là, tout d'un coup, vous sentez qu'il faut savoir où vous allez).

Étape 3 : accepter ses limites

Pour remonter dans sa propre estime, il faut avant tout accepter de ne pas être parfaite. Il faut comprendre qu'il n'est pas nécessaire d'avoir le corps de Monica Bellucci et le cerveau de Marie Curie pour être aimée. Il faut admettre que les autres sont imparfaits eux aussi (ils font comment, eux ?) et qu'ils ne sont pas tous au bord du suicide.

Il est également nécessaire d'accepter ses limites et reconnaître ses capacités : vous ne pourrez jamais chanter comme Céline Dion, mais quand c'est votre tour au karaoké, les gens vous écoutent sans vous siffler. Et ça, ce n'est pas à la portée de tout le monde (voilà qui devrait vous faire plaisir !).

Exercice pratique n° 1

1. Ouvrir les yeux

– Sharon Stone aussi a de la cellulite.

– Votre belle-sœur à-qui-tout-réussit-dans-la-vie craque régulièrement (elle mange du chocolat en cachette – c'est votre frère qui vous l'a dit).
– Les logiciels de retouche-photo sont carrément bluffants.

2. Ne pas dramatiser en cas d'échec

Ramener les choses à leur juste valeur : O.K.! vous avez perdu un client, mais ce n'est pas pour ça que tout votre réseau va se démanteler... D'accord, au bout d'une heure passée à jouer avec vos jumeaux hyperactifs, vous ne souhaitez qu'une seule chose : qu'ils dorment ! Ce n'est pas pour ça que vous êtes une mauvaise mère...

Dans le même ordre d'idées, identifier ses peurs et les vaincre entre dans le cadre du travail que vous faites sur vous pour développer votre confiance et votre bien-être.

Qu'elles soient profondes ou plus superficielles, qu'elles touchent tous les domaines de votre vie (travail, vie amoureuse, sexualité, vie sociale et vie familiale) ou qu'elles soient partielles, analysez ces idées « paralysantes » qui vous empêchent d'être sereine pour pouvoir les dépasser.

Exercice pratique n° 2

- **« J'arrête de croire que chaque personne que je rencontre, que je fréquente, dont je m'approche, doit m'aimer et m'admirer. »** Les gens sont libres de leurs pensées : vous n'avez pas à faire vos preuves auprès de tout le monde... D'ailleurs, vous-même, appréciez-vous de manière égale tous ceux qui vous entourent ?

- **« J'arrête de penser que, pour être satisfaite, il faut que j'aie réussi dans tous les domaines de ma vie. »** Non, cet idéal de vie « parfaite » ne doit pas être votre objectif : impossible à atteindre, il vous met une pression insurmontable. La vie et ses événements sont trop fluctuants pour ça, trop dépendants de l'imprévu, des autres. On peut très bien être heureuse dans son boulot et chercher désespérément l'amour, on peut être très épanouie avec ses enfants et ne pas s'éclater pendant les câlins... Le danger, c'est que les insatisfactions éprouvées dans un domaine déteignent sur un autre. D'où l'objectif plus réaliste à se fixer : l'équilibre.
- **« Je cesse de me dire que la vie ne vaut pas la peine d'être vécue parce que les choses ne se passent pas comme je le veux » :** il n'y aurait plus grand monde sur Terre si chacun raisonnait ainsi. Mieux vaut se focaliser sur les choses qui se passent bien (il y en a forcément), plutôt que sur celles qui ne vous conviennent pas, au risque de se noyer dans le pessimisme.
- **« J'arrête de ruminer que tout ce qui m'est arrivé va déteindre sur mon futur.** Ce n'est pas parce que mon ex était infidèle que TOUS les hommes le sont / parce que j'ai été licenciée une fois que mon nouveau job va FORCÉMENT s'arrêter / etc. »

Étape 4 : coacher son estime de soi

Vous avez déjà pris conscience que changer de regard sur vous-même peut avoir un impact sur votre manière d'appréhender les événements et découler sur votre bien-être...

Continuez vos efforts en suivant ce petit programme intensif qui vise à booster votre ego : l'exercice consiste à lire les

affirmations suivantes... Pour en savoir plus, reportez-vous page 239 (« Les phrases qui font du bien »).
C'est parti :

1. « Je pense à mes points forts, mes qualités, mes réussites. »
2. « Je suis indulgente avec moi-même quand je fais des erreurs. »
3. « Je tire des leçons de mes faux pas. »
4. « Je me sens sur un pied d'égalité avec les autres. »
5. « Je m'accepte tout entière, sans condition. »
6. « Je ne m'occupe pas du jugement des autres. »
7. « Je ne me compare pas aux autres. »
8. « J'accepte la critique : elle me fait progresser. »
9. « J'agis librement, sans contraintes, sans influence. »
10. « Je ne culpabilise pas, je prends mes responsabilités. »

La bonne méthode

Bien entendu, vous aurez reconnu ci-dessus les bases de la célèbre méthode Coué (Émile Coué, 1857-1926), cette forme d'autosuggestion utilisée dans le cadre du développement personnel et reposant sur la persuasion par la répétition. Si le terme « méthode Coué » est aujourd'hui utilisé avec ironie pour désigner les illusions dont on se berce pour se convaincre à tout prix de quelque chose, il reste que ses effets sur notre bien-être sont reconnus : si vous n'êtes pas convaincue, essayez quand même cette technique... Si cela ne marche pas, en tout cas ça ne vous fera pas de mal.

Étape 5 : agir (pour ne plus douter de soi)

Prenons un exemple

Vous entrez dans une salle de réunion : vous ne savez pas pourquoi vous êtes là, vous ne connaissez pas le sujet du meeting, ni quelles seront les personnes présentes. Vous avez juste reçu un mail du chef du personnel : « *Rendez-vous en salle de conf. à 10 h.* »

À partir de là, plusieurs options :

1. Vous vous liquéfiez en attendant l'heure, persuadée que l'on va vous annoncer la fermeture de la boîte / dévoiler en public que vous avez perdu le contrat « Chocochoc » (tout le monde se retournerait vers vous et vous montrerait du doigt avec des sourires sataniques) / vous donner des directives commerciales encore plus dures. Vous entrez dans la salle de réunion en vous faisant la plus petite possible (pour ne pas attirer les regards), vous faites semblant de relire des notes, vous rongez ce qui vous reste d'ongles.

2. Vous ne faites pas vraiment attention à ce mail : vous êtes trop concentrée sur votre travail pour perdre du temps à réfléchir inutilement. Sans doute est-ce encore une de ces réunions « brassage d'air » qui cherchent à motiver les troupes... à moins qu'on ne vous dévoile une nouvelle super-stratégie qui permettra à la boîte de conquérir le monde ! À l'heure dite (enfin, avec 5 min de retard), vous entrez dans la salle et constatez avec joie que votre copain de la compta est présent (vous commencez à discuter en chuchotant : il a toujours des potins à vous raconter sur les aventures extraconjugales du P-DG). Le meeting commence et vous en profitez pour exposer un projet que vous mûrissez depuis quelque temps : ça tombe bien, le boss a l'air intéressé !

À votre avis, quelle est la meilleure attitude à adopter ? Celle qui montre une certaine confiance en soi semble de loin la plus agréable...

Dans le cadre de l'option 2, qu'est-ce qui ferait votre force ? Le fait de ne pas anticiper de manière négative, de penser que l'on a les ressources nécessaires pour faire face à une situation nouvelle, la confiance en ses compétences, et donc la sérénité.

Exercices pratiques

Pour augmenter cette capacité à croire en soi, à se sentir forte, à ne plus douter, essayez d'appliquer les principes suivants :

1. Soutenez le regard des autres. Arrêtez de baisser les yeux : vous tendez le bâton pour vous faire battre. Changez de stratégie : au lieu de mobiliser toute votre énergie pour fuir, vous cacher ou faire semblant d'être invisible, utilisez-la pour aller vers les autres, parler, vous ouvrir.

2. Soyez réaliste, ne cherchez pas la perfection. Vous serez toujours en dessous et n'obtiendrez jamais de réussites, si réconfortantes.

3. Pour atteindre un objectif, fixez-vous plusieurs paliers ou étapes. Félicitez-vous à chaque fois que vous arrivez à en franchir une : vous gravirez les marches en levant la tête ! (Regardez quand même où vous mettez les pieds !)

4. Évaluez les raisons de vos échecs et sachez en tirer des leçons. Ne refaites pas deux fois les mêmes erreurs : vous serez fière de vous !

Comment vivre avec ses émotions (entre le cœur de pierre et le cœur d'artichaut) ?

– Vous rougissez au quart de tour (petite, on vous appelait « la Tomate »).

– Vous pleurez encore en regardant *E.T.* pour la 37e fois.

– Vous êtes terrorisée quand vous entendez un bruit bizarre la nuit.

– Quand vous êtes joyeuse, vous avez l'impression que vous pourriez vous envoler...

En gros, on peut dire que votre vie est menée par vos émotions, que votre cœur dirige le cours de votre existence, que vous n'avez pas de carapace (ou alors qu'elle est molle).

Le problème, c'est que, en société, il est difficile de passer pour une fille sérieuse / équilibrée / sur laquelle on peut compter (exactement l'image que vous voulez donner) quand on éclate en sanglots au moindre reproche ou que l'on crie comme une hystérique quand une collègue vous pique votre agrafeuse.

Pour être « socialement correcte », il faut se maîtriser.

Pourtant, on lit partout que, pour se sentir bien, avoir l'impression d'exister pleinement, communiquer efficacement et sainement, il faut s'exprimer, ne pas garder ce que l'on a sur le cœur, laisser sortir ses émotions. Face à ce paradoxe, vous êtes perplexe : soit on les subit, soit on les contrôle. Alors, comment faire pour ne prendre que le meilleur des émotions ? pour les éprouver sans se laisser envahir ? pour les connaître

sans qu'elles nous bernent ? pour les chercher sans qu'elles nous mènent par le bout du nez ?
C'est pas gagné !

Comprendre le mécanisme

Si l'on y regarde bien, les émotions qui parasitent le fleuve tranquille de notre existence sont, à la base, bien utiles. Elles ont un rôle, une fonction principale (cette larme au coin de l'œil, ce n'est pas juste pour faire joli) : elles nous signalent que quelque chose se passe. Écoutez votre corps : il vous avertit !

Exemples

- **La peur :** face à un danger, la peur vous permet de réagir, elle vous stimule et vous mène à vous dépasser (vous battez le record du 100 m sans dopage).
- **La tristesse :** dans le cadre d'un deuil, par exemple, elle permet de se replier sur soi-même pour faire le travail nécessaire pour accepter la perte ; les larmes permettent d'évacuer et d'extérioriser la peine.
- **La joie :** stimulante, euphorisante, elle augmente la production d'hormones du « bien-être » et aide même à renforcer les défenses immunitaires.
- **La colère :** elle indique que vous avez atteint les limites de ce que vous pouvez supporter et provoque le sursaut nécessaire pour faire évoluer les situations. Jean-Michel a trois quarts d'heure de retard : vous êtes hors de vous et vous lui faites comprendre que c'est la dernière fois qu'il vous fait un coup pareil. Eh bien, au rendez-vous suivant, il arrive avant vous... avec un bouquet en prime. Attention ! dans un

embouteillage, vous fâcher tout rouge vous permettra de prendre conscience que vous êtes au bord de l'explosion, mais ne fera pas avancer le trafic.

Comme on le voit, les émotions sont en avance sur nos pensées, nos réactions, elles tirent le signal d'alarme et nous poussent à faire attention à ce que nous éprouvons. Elles s'enclenchent avant même que nous ayons analysé ce qui se passe, elles sont instantanées, surprenantes.

Il ne s'agit donc pas de les ignorer, les refouler, les nier : en les muselant, on accumule des tensions et on risque le débordement. Elles ne sont pas toujours agréables, mais elles ont le mérite de nous montrer que l'on vit quelque chose de l'ordre de la satisfaction ou de l'insatisfaction.

À vous de les reconnaître et les différencier pour évoluer vers un état meilleur. À vous d'utiliser leur énergie pour agir.

Utiliser les émotions

Une fois qu'elles nous ont montré du doigt que quelque chose n'allait pas (« J'ai de la peine quand Jean-Michel ne m'appelle pas, je prends conscience que je suis sacrément accro »), il faut s'occuper du problème de manière raisonnée : l'esprit doit reprendre le contrôle de la situation, trouver la réponse adaptée au problème (« Je suis sûrement trop dépendante de lui, je dois trouver d'autres centres d'intérêt dans la vie »).

En tant que « déclencheurs » d'une réaction, les émotions doivent être écoutées et respectées. En revanche, elles doivent laisser ensuite la place à la réflexion et au choix : « Est-ce que je me laisse envahir ? Est-ce que j'exprime ce sentiment ? Est-ce que je garde ça pour moi ? »

Ça fait du bien de le savoir !
Les émotions permettent de communiquer. Chacun se met à la place de l'autre et ressent la même chose que lui en se basant sur son vécu. C'est flagrant dans le domaine artistique : cette chanson d'amour vous tire des larmes parce qu'elle exprime exactement ce que vous avez ressenti quand vous avez rompu avec Antoine. D'ailleurs, que demande-t-on à tous les élèves de la *Star Ac'* et compagnie ? « Donnez de l'émotion ! » (Preuve par là que, pour toucher le public et lui faire acheter des disques, il faut lui proposer de s'identifier à un sentiment qu'il connaît.) C.Q.F.D.

Comment maîtriser ses émotions (et ne pas crever les yeux de la blondasse qui parle avec votre fiancé) ?

Il faut donc arriver à calmer ses émotions pour laisser place à la réflexion (griffer tout de suite la bimbo au visage vous empêcherait de constater qu'il s'agit d'une cousine de votre Jean-Mimi d'amour).

Exercices pratiques au moment de la crise

1. Une des méthodes les plus efficaces pour arriver à maîtriser une émotion et ne pas réagir tout de suite, à se mettre sur « pause » quelques instants, histoire de respirer profondément, pour laisser le temps à la raison de se mettre en marche : à ce moment-là, analysez « objectivement » la gravité de la situation, faites l'inventaire de vos ressources pour faire face au problème, envisagez les solutions à adopter pour le résoudre.

2. Pour garder son calme, il est bon de s'asseoir, de fermer les yeux et de respirer par le ventre : en restant ainsi quelques minutes, on aide le corps à reprendre son rythme (les battements cardiaques reviennent à la normale).

3. Se concentrer sur autre chose :

– compter jusqu'à 100 (quand on s'approche des cheveux de ladite blondasse avec un briquet, rester 1 min le bras en l'air donne le temps de trouver une autre idée que d'enflammer sa crinière) ;

– chanter sa chanson favorite (pas forcément à tue-tête) ;

– penser à un paysage calme (et entendre le chant des petits oiseaux au lieu de la cacophonie des klaxons)...

Exercices pour le long terme

1. Ne pas accumuler ce qui vous énerve, rentrer toutes les petites rancœurs en pensant qu'elles vont se tasser : vous risquez de provoquer une implosion !

2. Penser à l'image que vous donnez : imaginez ce que l'on pense de vous quand on vous voit hirsute, les yeux exorbités, la bouche tordue par la rage (la bave aux lèvres ?) – ça calme, non ?

3. Pratiquer des techniques de relaxation et de maîtrise de soi (voir p. 134 à 146).

Comment exprimer ses émotions ?

S'il n'est pas possible de verbaliser son ressenti en toutes circonstances (pleurer la perte de son lapin nain devant son directeur, sauter au cou de son banquier quand on reçoit un chèque), il est pourtant nécessaire de laisser sortir ce flux de tensions pour éviter l'effet « cocotte-minute » et ne pas laisser s'installer les dommages physiques qu'elles peuvent entraîner (les « fameuses » maladies psychosomatiques).

La seule règle à suivre est de s'exprimer de façon adéquate : de manière tempérée, sans excès, et en veillant à respecter les autres (vos torrents de larmes peuvent être gênants pour votre interlocuteur).

Les autres ne sont pas un défouloir : vous n'avez pas à leur déverser votre trop-plein pour vous débarrasser !

Méthode

1. Dire les choses

Il faut arriver à exprimer verbalement son ressenti dans des phrases commençant par « Je » : « Je suis déçue par ce que tu viens de faire », « J'ai de la peine quand tu dis cela », « J'ai honte quand tu te comportes comme ça ».

D'autres canaux d'expression peuvent être bien utiles : la musique (le chant en particulier), le dessin... Toutes les voies artistiques sont aptes à libérer les émotions.

2. Laisser sortir :

- les larmes, mais pas les geysers comme dans les Tex Avery ;
- le rire, mais pas comme les oies caqueteuses ;
- les coups de gueule, mais pas l'agressivité.

3. Faire la balance

Sans les nier, sans les refouler, il s'agit de trouver l'équilibre entre accepter les émotions et laisser la raison reprendre le dessus.

Comment s'affirmer (juste comme il faut) ?

Regardez Sophie : elle parle fort, prend beaucoup d'espace quand elle s'exprime, est convaincue qu'elle a toujours raison et s'arrange pour vous faire croire que vous avez toujours tort, elle appelle le serveur pour lui signaler que son assiette est froide et se débrouille pour que la moitié de la salle soit au courant... Vous, vous la regardez faire, en souhaitant parfois être une petite souris pour que personne ne sache que vous l'accompagnez.

Certes, l'affirmation de soi peut se définir comme la faculté d'être soi-même, d'exprimer ses émotions, ses désirs, ses refus. C'est une prise de position face aux autres. Mais cela ne veut pas dire : une compétition, le besoin d'« en imposer », de les écraser. Encore moins s'il ne s'agit que d'un masque, d'un « personnage » que l'on se forge pour se protéger (en réalité, vous découvrirez peut-être que Sophie est une grande timide et que son attitude n'est qu'une carapace pour se protéger).
Encore une fois, il faut ici trouver un juste milieu entre l'agressivité et la passivité, le repli sur soi et l'ouverture, la dissimulation et la franchise... Cette attitude « équilibrée » se nomme

« l'assertivité », le fait de s'affirmer tout en gardant le respect d'autrui reposant sur une grande qualité de communication, une expression sensible et réfléchie, des actions adaptées aux situations. Tout ce dont vous rêvez en somme !

Exercices pratiques

- **Exprimez clairement vos préférences, vos envies :** si l'on vous demande : « On prend du blanc ou du rouge ? » et que vous n'aimez que le bordeaux, dites-le (au lieu de répondre comme d'habitude : « Comme tu veux » ou « Je ne bois pas de vin ») !
- **Trouvez la bonne façon de faire valoir votre droit :** quand quelqu'un tente de prendre votre place dans une file d'attente, ne montez pas sur vos grands chevaux, mais ne vous laissez pas faire non plus. Dites clairement : « C'est ma place et pas la vôtre. »
- **N'acceptez pas en vous disant : « Ça va s'arranger » ou « On verra ça plus tard »,** si l'on vous propose quelque chose qui ne vous convient pas. À l'inverse, ne refusez pas en bloc sans vous justifier. Expliquez clairement et calmement quels sont les éléments qui ne correspondent pas à vos attentes : trouvez un terrain d'entente où chacun fait des concessions, mais où chacun trouve aussi son compte.
- **Oubliez l'expression « Je vais essayer de... »** et remplacez-la par « Je vais faire... ».
- **Ne fanfaronnez pas, ne claironnez pas votre victoire :** vous vous chamaillez avec Jean-Michel et il s'avère que vous avez raison (pour aller chez Béatrice, il fallait tourner à droite) ! Tout le monde a le droit de se tromper (et vous la première !).

10 façons de penser du bien de soi

1. Jugez-vous avec justesse

Vous acceptez d'avoir des défauts, reconnaissez aussi avoir certaines compétences. Sortez du regard négatif que vous portez tout le temps sur vous pour adopter une nouvelle optique : la bienveillance.

2. Autorisez-vous un coup de mou

Ce n'est qu'en acceptant ses hauts et ses bas, sans culpabiliser, que l'on peut comprendre où sont ses limites. En acceptant de ne pas être Wonder Woman, on est plus indulgente avec soi-même (ça soulage).

3. Apprenez à recevoir

Quand on vous fait un compliment, cessez de dire (en rougissant et en fixant le bout de vos chaussures) : « Oh non, tu sais, ce n'est rien », mais dites simplement : « Merci, cela me touche beaucoup. »

4. Recyclez l'énergie

Les émotions fortes provoquent des montées d'adrénaline : profitez de cette belle énergie pour aller vous défouler en faisant du sport (ce sera toujours ça de gagné pour garder la ligne, et donc le sourire). Au lieu de crier, courez !

5. Cessez de laisser votre place

Vous êtes du genre à toujours vous effacer, à rester en retrait, à dire : « Monte devant, ça ne me dérange pas », alors que vous avez mal au cœur assise à l'arrière de la voiture. Existez ! Il y a de la place pour tout le monde sur Terre.

6. Essayer, c'est déjà gagner

Toute prise de risque est déjà un progrès ! Si vous échouez dans une tentative, en tirant les enseignements de cette expérience, vous apprenez des choses qui vous seront profitables plus tard. Ce qui rend la situation beaucoup plus facile à vivre...

7. Arrêtez de culpabiliser !

Cette autocritique, ces autoreproches, vous vous les adressez avant de prendre une décision ou d'entreprendre quelque chose ? Cela signifie qu'il faut repenser votre situation. La solution que vous avez choisie ne doit pas vous convenir et votre « affect » vous prévient qu'il voit venir le coup. Vous les exprimez après ? Peut-être est-ce le moment de revenir en arrière ou de réexaminer les choses ? D'accord, vous êtes à l'origine de l'embrouille avec Géraldine, mais elle avait aussi sa part de responsabilités (elle avait invité Jean-Michel à dîner – comme si vous n'alliez pas vous en rendre compte !).

8. Demandez clairement ce que vous voulez

Arrêtez les sous-entendus. Au lieu de dire à Jean-Mimi : « J'adore la montre de Véronique », dites-lui : « Je veux la même montre que Véronique. » En énonçant clairement vos envies, vous vous respecterez d'autant plus.

9. Pratiquez l'autodérision

En riant de vos propres défauts, vous dédramatiserez les événements de la vie (vous avez raté le soufflé pour beau-papa ? pas grave : il mangera du cassoulet en boîte !).

10. Affirmez-vous, mais sans excès

S'affirmer, c'est bon pour ce que vous avez. Mais il ne faut pas non plus tomber dans l'excès, dire « non » à tout propos juste pour voir si vous êtes cap'. Écraser les autres, ce n'est pas bon non plus pour votre image...

4

Comment résister à la pression

Comment vivre sans soupape de sécurité ?

Votre cocotte-minute en a une, elle. C'est pas juste ! Il est difficile de :

- se plaindre auprès du fabricant (votre papa et votre maman) pour râler contre l'oubli de cette pièce pourtant indispensable ;
- recourir à la chirurgie pour s'en faire greffer une ;
- en porter une en sautoir.

Alors, mieux vaut trouver des astuces pour éviter l'implosion. Sans la petite valve qui fait « pschiiiiiiiiit », il va falloir prendre le problème en sens inverse.

Vous l'avez compris maintenant : il n'y a pas de baguette magique contre le stress (même en boutiques spécialisées). Une des solutions pour ne pas se laisser bouffer par les contrariétés, l'énervement ou le coup de blues, c'est d'accepter qu'il existe des sources de pression, de les identifier et d'agir pour mieux les vivre.

Si la connaissance de soi, la confiance, l'ego ragaillardi font un bon début, il existe d'autres voies pour apprendre à gérer les difficultés du quotidien. Notamment celle qui consiste à prévenir le stress, le désamorcer avant qu'il ne se mette en route, le tuer dans l'œuf, en somme.

Envisagez le problème autrement : plutôt que de vous arracher les cheveux en faisant quelque chose qui vous irrite, refusez les tâches dont vous savez à l'avance qu'elles vont vous mettre à bout de nerfs. Non, non, non, ce n'est pas une attitude de fuite. Non, non, non, ce n'est pas un truc de paresseuse/indolente/feignante. Cela s'appelle « connaître ses limites » ou « savoir ce que l'on veut ». Et ça, c'est bon pour le mental.

Comment apprendre à dire N-O-N ?

Entre 18 mois et 2 ans, le *non* a été votre mot favori. Refuser toutes les propositions pourtant intéressantes de maman (manger des épinards, mettre son manteau, aller chez mamie Josiane, etc.) constituait votre jeu préféré : quel bonheur de voir se dessiner son pouvoir (et mettre papa en rogne) ! Quel plaisir d'expérimenter son autorité !!! Quel régal de se sentir exister !

Aujourd'hui, vous avez perdu cette part d'enfance... Quand votre boss vous demande de finir un rapport le samedi pour la deuxième fois ce mois-ci, quand votre sœur vous implore de garder ses deux monstres jeudi soir (en plus, vous bossez le lendemain !), ou que votre copine vous supplie de la dépanner parce que son compte est en écarlate (elle a dépassé le stade du « rouge » depuis longtemps), vous n'osez pas dire « non ». Vous avez peur de les décevoir, peur de perdre votre statut, peur de ne pas être à la hauteur...

Et vous accumulez des rancœurs. Vous perdez du temps. Vous risquez, plus tard, d'avoir des regrets. Déprimant.

Pourquoi est-ce si difficile de dire « non » ?

Pas facile de passer pour une fille « pas cool »... Pas réjouissant non plus d'être prise pour une bonne poire ! Décortiquons le système :

1. Ce que l'on pense : « Refuser un service, ce n'est pas gentil »

Ce que l'on devrait penser : « Il est encore moins gentil de mentir et de tromper quelqu'un en lui disant : “Tu plaisantes ! Bien sûr que cela ne me dérange pas de venir t'aider à déménager un dimanche à 7 h du mat'.” » Si vous rajoutez : « Ce sera un plaisir », vous serez brûlée sur le bûcher.

2. Ce que l'on pense : « Les autres ne m'aimeront plus si je leur dis "non", et ça je ne le supporterai pas »

Ce que l'on devrait penser : « Sans doute que Chloé me rendra moins visite depuis qu'elle sait que je ne lui prêterai plus mes Jimmy Choo. Mais cette amitié était-elle basée sur des sentiments sincères ou juste sur le fait que je-claque-tout-mon-salaire-dans-des-escarpins-et-qu'elle-aime-bien-en-profiter ? »
Soyez convaincue que les gens qui ne voient en vous qu'un réservoir de sous / une bonne adresse pour dîner / un bon plan « baby-sitter » ne seront pas traumatisés par un refus (ils ont d'autres assiettes dans lesquelles aller piquer).

3. Ce que l'on pense : « Un "non" est agressif, et je ne veux pas être quelqu'un d'agressif »

Ce que l'on devrait penser : « Pas la peine de crier pour dire “non”. On peut s'exprimer de façon calme, respectueuse et sans conflit. Entre s'affirmer et agresser, il y a une différence. »

Quand on ne sait pas dire « non »...

... on ne prend pas de temps pour soi

La générosité, c'est bien, sauf quand ça vous prive, vous. Sachez que, si vous ne faites pas valoir vos propres limites, personne ne le fera à votre place.

... on tend le bâton pour se faire battre

Si l'on pense que les autres sont plus importants que soi, que l'on ne mérite pas d'avoir sa place, que l'on est insignifiante, etc., on finit par habituer tout le monde à cette idée. Or, on nous renvoie toujours l'image que l'on projette... Du coup, les autres vous traitent comme vous semblez mériter d'être traitée.

... on accumule du ressentiment

À force de dire « oui » quand on pense « non », on est frustrée, déçue de ne pas être comprise. On refoule cette amertume... jusqu'au jour où elle ressort par des voies détournées : on s'emballe pour un détail, on se met en boule au quart de tour, on disjoncte.

Quand on sait dire « non »...

... on accepte de négocier, de donner son point de vue

Et par là de s'affirmer comme une personne à part entière, pas comme une ombre.

... on est prête à entendre les critiques, à affronter le jugement des autres

Parce que l'on se sent en confiance.

... on fait l'expérience de la liberté, du choix, de l'indépendance et de l'autonomie

Rien de meilleur pour aller bien.

Comment faire pour dire « non » tout naturellement ?

1. Utilisez le « je »

Cela permet de faciliter la compréhension des sentiments qui sont exprimés : l'interlocuteur peut s'identifier à votre discours et mieux accepter vos arguments.

2. Clarifiez le message

Dites les choses tout de go : « Je suis désolée, mais je ne pourrai pas prendre ta garde ce soir », sans vous justifier absolument. Ne pas partir dans des commentaires, bafouiller des excuses... Plus vous vous perdez dans vos explications, plus vous vous empêtrez. Vous montrez votre trouble et l'autre en profitera sans doute pour essayer de vous convaincre de changer d'avis.

3. Arrêtez de culpabiliser

Vos interlocuteurs vont tout faire pour vous faire croire que vous êtes une vilaine fille si vous dites « non ». Sachez résister à leurs arguments et ne cédez pas au chantage affectif.

4. Changez de disque

Au lieu de laisser votre petite voix intérieure vous répéter : « Tu n'es pas sympa », mettez-vous en boucle une autre affirmation : « Je vais m'occuper de moi » ou « Je veux bien être gentille mais faut-pas-pousser-mémé-dans-les-orties ».

Exercices pratiques

1. Commencez par quelque chose de facile, de peu « impliquant » et sans grandes conséquences

Alors que vous avez toujours été disponible pour elle, vous n'allez pas tout d'un coup refuser tout ce que vous demande votre meilleure amie. Déclinez une petite proposition d'abord, puis étudiez les réactions. Félicitez-vous de votre succès avant de recommencer avec du plus lourd.

2. Prenez un temps de réflexion

L'argument commercial « C'est le dernier en stock, il faut vous décider tout de suite », ça ne marche pas avec vous ! En vous pressant, on essaye de vous arracher un accord sans vous laisser le délai nécessaire pour peser le pour et le contre. Pour ne pas vous précipiter, annoncez clairement que vous ne prendrez pas de décision immédiate : « Je vais réfléchir », « Je fais un tour et je reviens ». Quitte à passer pour une gourde, vous pouvez aussi essayer : « Il faut que j'en parle à mon chéri / à ma mère / à mon chien. »

3. Pensez aux conséquences de votre réponse

Vous acceptez cette surcharge de travail, vous allez rester plus tard au bureau tous les soirs, vous serez débordée, vous bâclerez votre boulot habituel... un cercle vicieux qu'il est bon de voir venir... et de ne pas enclencher.

4. Découragez votre adversaire

Répétez toujours votre argument jusqu'à ce qu'il finisse par l'entendre (quitte à dire 10 fois la même chose – vous aurez l'air cruche, mais sûre de vous). Laissez entendre que vous avez compris les reproches de l'autre mais que cela ne vous fera pas changer d'avis : « Je vois bien que cela ne te fait pas plaisir, mais je ne peux pas venir samedi. » Ces deux techniques devraient finir par venir à bout de leur résistance.

5. Proposez une autre solution

Dire « non », c'est bien beau (et bon pour vous). En revanche, vous voulez éviter que votre refus soit mal pris ; il est sage de montrer que vous avez réfléchi au problème et que vous compatissez avec celui qui vous demande quelque chose. Exemples : « Je ne peux pas te prêter mon appart' pour tes rendez-vous avec ton amant, mais je veux bien dire à Paul que j'étais avec toi au ciné s'il me téléphone » ; « Je n'irai pas au rendez-vous avec les clients japonais à ta place, mais je peux te filer mes notes sur le dernier meeting pour que tu ne sois pas larguée » ; etc.

Ça fait du bien de le savoir !

Dire « non » ne doit pas non plus devenir une méthode systématique, un automatisme. Si cela ne vous dérange pas d'arroser les plantes de Mme Michu pendant son séjour à Aix-en-Provence, il n'y a pas de raison de le lui refuser. En plus, vous savez qu'elle vous ramènera des calissons. C'est en éliminant les demandes parasites que vous aurez plus de temps à consacrer aux choses qui vous tiennent réellement à cœur !

Connaître ses limites (et arrêter de monter tout le temps la barre)

Savez-vous qui est votre pire ennemie ? Vous !

Pas besoin d'un boss exigeant pour vous obliger à dépasser vos objectifs.

Pas besoin d'un fiancé gourmet pour vous pousser à cuisiner toujours plus raffiné.

Pas besoin d'une mère tatillonne pour vous imposer de relaver ce qui est déjà propre... Vous faites ça toute seule. Comme une grande.

Et vous vous pourrissez la vie en toute autonomie !

Si vous ne voulez pas être une éternelle insatisfaite, mettre en danger votre santé physique et mentale, il ne tient qu'à vous d'admettre que vous êtes trop exigeante envers vous-même, d'accepter vos limites et vous contenter de ce que vous avez (pendant un moment au moins).

Testez votre perfectionnisme

- « Il vaut mieux faire les choses soi-même si l'on veut être sûre du résultat. »
- « Si je me trompe, les gens auront une mauvaise opinion de moi. »
- « Quand je fais une erreur, je rumine longtemps pour comprendre ce qui s'est passé et tâcher de ne pas la reproduire. »
- « J'ai l'esprit critique : je remarque toujours ce qui ne va pas chez les autres. »
- « Je déteste les mous, les négligents, les étourdis, les "trop cools", les "ravis de la crèche". »
- « Je suis toujours en train de rêver à ce que j'aimerais avoir, être... je me projette en permanence dans le futur. »
- « Je peux travailler sans relâche jusqu'à ce que j'obtienne ce que je veux. »

Vous vous reconnaissez dans certaines de ces propositions ? Plus vous aurez entouré de puces, plus votre niveau d'exigence avec vous-même sera élevé, plus vous souffrirez de « perfectionnite aiguë ».

Ça fait du bien de le savoir !

Selon les chercheurs canadiens en psychologie Paul Hewitt et Gordon Flett, le perfectionnisme est l'un des traits de personnalité qui empêche de composer avec le stress et rend très vulnérable. Il a été observé que les perfectionnistes sont sous une pression constante qui occasionne des problèmes émotionnels, physiques et relationnels incluant la dépression, les troubles alimentaires, le syndrome de douleur chronique, les conflits conjugaux et même le suicide. Ça calme, non ?

Pourquoi les perfectionnistes finissent toujours seuls (snif !) ?

Il est évident qu'essayer de faire de son mieux est une source de motivation qui permet d'aller de l'avant, de se tirer vers le haut, d'avoir envie de se lever le matin. En revanche, placer la barre trop haut, c'est comme pousser le bouchon trop loin. Il ne faut pas dépasser la ligne jaune, sous peine de souffrir de plusieurs maux :

- **Les perfectionnistes sont isolés.** Ils donnent toujours l'impression de se suffire à eux-mêmes, de se débrouiller parfaitement tout seuls, de n'avoir besoin de personne. Or, qui serait attiré par cela ? On vous laissera dans votre coin, vous et vos exigences.
- **Les perfectionnistes critiquent tout.** Dès que l'on n'a pas l'air assez « comme il faudrait », on ne fait pas l'affaire. Les perfectionnistes ne tolèrent pas le médiocre, le *mezzo-mezzo*. Ils ne veulent que du « top de chez top ». Or, ça ne se trouve pas à tous les coins de rues.
- **Les perfectionnistes sont indécis.** Ils sont incapables de choisir entre plusieurs propositions parce qu'il leur manque toujours une information supplémentaire.
- **Les perfectionnistes ne sont jamais contents.** Face à l'impossibilité d'atteindre leur objectif, ils ne peuvent éprouver le sentiment merveilleux de la satisfaction de voir son travail bien fait.

Solutions pour être moins exigeante avec soi-même

- **Apprendre à faire le tri.** Il y a des choses plus importantes que d'autres. Concentrez-vous sur les « essentielles » et mettez de côté les « secondaires » : passez du temps sur les premières et autorisez-vous à négliger un peu les autres. Une caractéristique des gens efficaces est qu'ils ont un bon sens des priorités, ils savent où mettre beaucoup d'efforts et où en mettre moins.
- **Se fixer des objectifs est motivant, mais il faut s'observer.** S'ils génèrent du stress, c'est qu'ils ne sont pas bien adaptés. Souvent, quand cela fait longtemps que l'on a le même but, il fait tellement partie de nous qu'on ne le remet même plus en question (vous avez toujours été pointilleuse sur le ménage, vous avez tellement l'habitude de vivre avec un chiffon à la main que cela ne vous étonne même pas). Pourquoi ne pas lister tous vos objectifs et les réévaluer ? Vous constaterez sans doute qu'il est plus important de bien choisir ses objectifs que de les atteindre.
- **Accepter que les erreurs peuvent être riches d'enseignements.** Elles permettent de s'améliorer, mais ne remettent en aucun cas en cause tout votre être. La formule « Je me suis trompée = je suis nulle/incapable/irrécupérable » est à remplacer par « Je me suis trompée = je connais mes faiblesses – ce qui fait ma force ».
- **Être convaincue que le plus important est de faire de son mieux,** de « se donner à 100 % » comme le recommande toujours Nikos Aliagas. C'est la seule façon de ne pas avoir de regrets.

Apprendre à gérer les conflits

Les relations humaines ne peuvent être toujours sans nuage. On ne vit pas chez Disney. Dans les rapports que vous entretenez avec votre famille, vos amis, vos collègues, il y a forcément des tiraillements, des oppositions, voire des clashs. C'est inévitable. C'est nor-mal. Ce qui est moins supportable, c'est que ces tensions sont source de stress, d'angoisse, d'énervement... et qu'elles gâchent votre joie de vivre.

Puisqu'il faut bien accepter ces situations inévitables, la meilleure des solutions n'est-elle pas d'apprendre à mieux les vivre ?

Prenons un exemple typique de conflit : cela fait 100 fois que vous lui demandez de ranger ses outils au garage. Et boum ! vous buttez une fois de plus contre le râteau en sortant de votre voiture (or – tout le monde le sait –, prendre un râteau, ça fait mal). Hystérique, vous lui faites une scène épouvantable. Du coup, il s'énerve un peu aussi (avec force claquements de porte).

Analysons les mécanismes de ce genre de discussion. *Note : nous prenons ici l'exemple d'un conflit dans le couple, car ce sont des situations que vous avez sûrement vécues de nombreuses fois ; mais les enjeux sont les mêmes pour toute « discussion animée », qu'elle soit dans le cadre du travail (ce client qui se fâche tout rouge contre les délais de livraison) ou de la vie sociale en général (cette blonde qui a embouti le pare-chocs de votre Mini).*

Méthode pour s'engueuler dans les règles de l'art

1. Garder son calme (même si c'est paradoxal)

Dès que l'on s'emporte, les mots dépassent la pensée. En voulant démontrer à l'Homme qu'il ne vous écoute pas, qu'il est incapable de ranger ses affaires, vous dérapez et lui balancez à la figure de grandes tirades sur l'idée qu'il vous prend pour sa bonne, sur son immaturité, etc. Et la petite discussion vire au grand drame.

2. S'assurer que le jeu en vaut bien la chandelle

Prenez un instant de réflexion et faites la balance entre l'énergie que vous allez dépenser dans une engueulade et l'intérêt du sujet. Quand on réalise que l'on se bagarre pour une broutille, on reprend très vite ses esprits.

3. Oublier les rancunes

Vous n'avez pas oublié que, lors de votre dernière brouille, il vous a reproché d'être maniaque... vous attendez la moindre occasion pour déclencher une nouvelle embrouille et vous venger. Pour ne pas envenimer les choses, ne vaudrait-il pas mieux oublier et passer à autre chose ? En cumulant les petites rancœurs, on fait grossir les problèmes... Une des attitudes largement observée chez les hommes dans le cadre d'une dispute pourrait s'intituler « Je me ferme comme une huître » ou « Je fais le gros dos et je ne dis rien ». Face à votre agression verbale, l'Homme ne répond pas ou bien finit par vous asséner sa réponse cinglante : « Tu m'emm... à la fin ! » Sans doute qu'il n'a pas de réponse à donner au problème posé, voilà pourquoi il ne sait pas quoi vous dire ! Essayez de lui faire comprendre que, pour vous, c'est le fait de *discuter* qui vous aide, pas de trouver une solution tout de suite...

4. Essayer d'écouter l'autre

Vous avez un truc à dire et vous comptez bien aller jusqu'au bout de l'exposé de vos griefs. O.K.! vous avez le droit de vous exprimer. En revanche, il est également important d'écouter les arguments contradictoires, de les entendre vraiment, pas seulement les laisser glisser sur soi. Une bonne méthode consiste à reformuler les phrases, les dire avec ses propres mots pour que l'autre constate que vous prenez ses paroles en considération. C'est la seule solution pour avancer (sinon, on appelle ça « un dialogue de sourds »).

5. Montrer à l'autre que, malgré le conflit, vous le respectez, voire que vous l'aimez

Précisez que cette dispute ne remet pas en cause la relation que vous entretenez, que cela ne signe pas l'arrêt de mort de votre histoire. Cette attitude donnera envie à votre interlocuteur de faire de même.

6. Rendre la discussion constructive

Plutôt que de réagir immédiatement par rapport à un événement ponctuel (et finalement accessoire), entamez une vraie discussion sur le problème de fond : évoquez les sentiments que provoque la situation. Dites-lui, par exemple : « En agissant ainsi, j'ai l'impression que tu ne te préoccupes pas de moi. » Vous progresserez sur le chemin de la compréhension mutuelle, qui est la voie de l'entente.

7. Ne pas chercher à régler tous les problèmes en une seule fois

Si une discussion vous permet d'avancer sur un point, c'est déjà pas mal (il faut en garder un peu pour les prochaines fois !).

8. Aller prendre l'air

Quand la discussion s'éternise, on finit par tourner en rond, ne plus avoir d'arguments, être en état de tension maximale... mieux vaut arrêter les frais tout de suite ! Faire une pause, en allant prendre l'air et en en profitant pour respirer à fond, est un bon moyen d'apaiser la situation. Une fois revenus, on ne reprend pas la négociation là où on l'avait laissée, les choses se sont tassées, on a eu le temps de faire le point.

9. Se réconcilier

Qu'y a-t-il de meilleur que de faire la paix ? De se dire que, malgré tout ce qu'on a à se reprocher, on est bien ensemble...

Ça fait du bien de le savoir !

Quand on est en plein milieu d'une crise, le corps s'exprime lui aussi (rien qu'à voir les yeux mauvais de Jean-Michel et les gouttes qui perlent sur son front, on se doute qu'il n'est pas en train de conter fleurette). On imagine bien qu'au moment où vous reprochez à votre fiancé d'avoir dépensé l'argent économisé pour votre alliance dans un nouveau disque dur pour son ordi, vous n'êtes pas non plus au summum de la détente... Pourtant, il faudrait peu de chose pour que la situation s'améliore :

- Essayez de ne pas vous crisper (arrêtez, par exemple, de tapoter du pied ou de vous tordre les mains).
- Évitez les gestes brusques et les attitudes narquoises (« Cause toujours, tu m'intéresses ! »).
- Adoptez une position ouverte (décroisez les bras et les jambes, mettez-vous face à votre interlocuteur).
- Regardez l'autre dans les yeux (le regard fuyant, rien de plus exaspérant !).
- Acquiescez à ses paroles (dites : « Hon hon », hochez la tête... tout sauf regarder en l'air !).

Comment supporter les autres (quand ils sont pleins d'ondes négatives) ?

Il y a des jours où vous êtes de bonne humeur, pleine de bonnes intentions, dynamique, gaie, très *youkaïdi-youkaïda*. Vous allez bosser en sifflotant, super motivée pour décrocher un contrat en or, prête à affronter une montagne de dossiers. Vous vous faites une joie d'aller déjeuner avec une bonne copine. Et puis, tout s'écroule. Les premiers clients se plaignent, votre collègue est persuadée qu'elle va être virée et votre chef essaye de vous flouer sur le chiffre d'affaires du dernier trimestre (si elle pouvait ne pas vous verser votre prime, elle aurait gagné sa journée, elle). En plus, votre amie est au bord du suicide. Pas gai tout ça. Votre bel enthousiasme se dégonfle comme un soufflé.

C'est de leur faute aussi !!!

Il est déjà bien difficile de parvenir à régler ses propres problèmes. Mais comme vous ne vivez pas seule, il faut aussi apprendre à gérer ceux de votre entourage et notamment leur « mauvaise » influence sur vous, la répercussion de leur humeur sur la vôtre... Tour d'horizon de ces vilains pas beaux :

Comment supporter ceux qui critiquent tout le temps ?

Prenons un exemple classique : votre belle-mère (que celles qui n'ont rien à lui reprocher lèvent le doigt... personne ? tiens donc !). En général, elle a toujours son mot à dire concernant le ménage / l'éducation des enfants / votre relation avec « son fils chéri ». Vous avez beau essayer de ne pas y prêter attention, à la longue ces remarques acides attaquent votre patience et votre gentillesse... et l'attitude de votre amoureux ne vous aide pas (« Fais comme moi, ne l'écoute pas ! » – à la différence que, vous, vous êtes incapable de laisser glisser...).

Exercice pratique

Une des techniques pour ne pas souffrir d'une critique cinglante/insidieuse/méchante est de ne pas la situer au niveau affectif. Le plus souvent, la première réaction face à une attaque est de se sentir atteinte, vexée, blessée... Cela pourrait être évité si vous déplaciez le jugement sur le plan objectif. En répondant : « C'est un point de vue intéressant » ou « Je n'avais pas vu cela sous cet angle » quand belle-maman vous dit qu'il faut obliger les enfants à finir leur assiette, vous montrez que vous avez écouté l'information, mais que vous ne la prenez pas pour vous. Vous ne réagissez pas à chaud, vous ne vous placez pas sur le plan des émotions. Et ça, ça vous protège.

Ça fait du bien de le savoir !
Comme souvent, pour mieux supporter une situation, il suffit de l'envisager sous un autre angle... Dites-vous que ceux qui critiquent sont en réalité des frustrés : incapables d'atteindre eux-mêmes les objectifs trop élevés qu'ils se sont fixés, ils sont aigris et amers. « Nananère » !

Comment supporter ceux qui vous minent ?

Certains ont le don de vous saper le moral... notamment ceux qui vous font sentir qu'ils sont supérieurs (et vous minable). Prenez votre copine Maud : elle est toujours prête à vous faire remarquer que ses enfants réclament des légumes au dîner (alors que les vôtres ne se nourriraient que de Pépito), qu'elle vient de renouveler pour la cinquième fois son abonnement à la salle de gym (alors que vous avez cessé toute activité physique depuis 5 ans), que son mari lui prépare des cassolettes de Saint-Jacques (alors que le vôtre ne sait que décongeler des pizzas). Elle vous agace. Elle vous coupe les pattes.

Exercice pratique

Objectif n° 1 : « La bave du crapaud n'atteint pas la blanche colombe. » Surtout, ne montrez rien. Restez souriante, comme si tout cela vous passait à des kilomètres au-dessus de la tête.
Objectif n° 2 : La contre-attaque. Répondez que ces remarques sont très intéressantes parce qu'elles vous permettent de

prendre conscience de votre aptitude à vous contenter de peu, à vous réjouir de la vie malgré les difficultés. En fait, elle vous explique que vous êtes une sainte !

Comment supporter les « muets » ?

Parallèlement à ceux qui donnent tout le temps leur avis, qui vous font remarquer tout-ce-qui-ne-va-pas-chez-vous, il y a aussi ceux qui sont incapables de donner leur opinion, qui se refusent à vous encourager, qui ne savent pas exprimer leurs sentiments... des insensibles en somme. On pourrait croire qu'il est préférable d'être face à une personne qui ne vous fait jamais de remarque... que nenni ! Au bout d'un moment, le mutisme est tout aussi pénible que la critique spontanée : on ne sait jamais si ce que l'on fait est bien, on n'a pas de « retour », on a l'impression d'être transparente... au risque de perdre confiance en soi.

Exercice pratique

Pour susciter une réaction, mieux vaut la demander ! Face à un « muet », dites clairement : « J'aurais besoin d'avoir ton avis là-dessus », au risque de ne pas obtenir la réponse que vous aimeriez entendre. Expliquez, par exemple, à votre chef que vous avez besoin de son approbation pour aller de l'avant dans ce nouveau projet. Sans chercher les compliments, vous obtiendrez sûrement les encouragements dont vous avez besoin pour vous motiver.

Quiz : savez-vous gérer votre colère ?

1. Cette année – c'est promis –, Jean-Michel s'occupe des vacances (choix de la destination, réservations, etc.). Mais les jours rallongent et vous n'avez pas l'impression qu'il s'affaire beaucoup sur ce sujet...

✡ Vous l'accusez de toujours remettre au lendemain (comme d'habitude) et commencez à râler parce que vous allez encore finir en Normandie chez les cousins Tartignole.

▲ Vous lui rappelez que plus on s'y prend tôt, plus on a de choix (sinon, il ne reste que des 5 étoiles ou des gîtes).

◆ Vous attendez de voir... Peut-être vous réserve-t-il une surprise ?

2. Vous apprenez que votre collègue masculin vient d'obtenir une augmentation alors qu'on vous l'a refusée.

▲ Un peu sous le choc, vous faites une pause et tentez de réfléchir à ce que vous allez faire.

◆ Vous faites une liste des avantages de votre collègue sur vous.

✡ Vous vous plantez dans le bureau de « Duboss » pour réclamer des explications illico.

3. Vous avez rendez-vous avec Chloé et, comme d'habitude, elle a une demi-heure de retard.

◆ Vous ne dites rien, ravie de la retrouver.

✡ Agacée, vous lui demandez en quoi son temps est plus précieux que le vôtre.

▲ Vous montrez que vous êtes contente de passer du temps avec elle mais qu'il est dommage qu'elle vous oblige toujours à l'attendre.

4. Un fou furieux brûle votre priorité et vous oblige à donner un grand coup de volant.
▲ Vous reprenez votre respiration, tentez de retrouver votre calme, et vous réjouissez de ne pas avoir eu d'accident.
✡ Vous le poursuivez et lui faites une queue-de-poisson en hurlant par la fenêtre ouverte : « T'as eu ton permis dans une pochette-surprise ??? »
◆ Vous vous contrôlez, mais le soir vous faites une colite.

5. Votre copine trahit une de vos confidences en confiant à une autre amie que vous n'appréciez pas vraiment son nouveau fiancé...
◆ Vous évitez de voir ces deux amies.
✡ Vous dissipez le malentendu en parlant franchement à l'amie déçue.
▲ Vous prenez votre copine trop bavarde entre quat'z'yeux pour lui expliquer que vous n'aimez pas son attitude.

6. Bibounet vient encore de renverser son yaourt par terre.
✡ Vous soupirez et nettoyez le tout sans rien dire pour ne pas le traumatiser.
▲ Vous vous fâchez : « À 4 ans, tu pourrais faire attention quand même ! »
◆ Vous lui expliquez que vous seriez fière de lui s'il était capable de manger proprement.

7. Votre meilleure amie vous demande une fois de plus un petit coup de pouce pour finir son mois...

✡ Cette fois-ci, c'est non. Vous lui faites la liste de tous les emprunts qu'elle vous a déjà faits et qu'elle n'a jamais remboursés.

▲ Vous lui répondez que, même s'il s'agit d'un petit montant, vous préféreriez qu'elle vous rembourse avant de continuer les frais.

◆ Vous cédez... ce n'est qu'une petite somme finalement.

8. C'est la deuxième fois ce mois-ci que « Duboss » vous demande de faire un remplacement le jeudi soir (quand vous avez votre cours de *body-pump*).

▲ Vous acceptez en demandant que cela soit compensé en une journée de repos supplémentaire (vous ferez des contractions des quadriceps pendant le boulot).

◆ Vous acceptez sans rien dire, vous voulez vraiment montrer votre bonne volonté.

✡ Vous acceptez, mais montrez clairement que cela ne vous arrange pas du tout.

Majorité de ✡ : vous ruez dans les brancards

Vous exprimez clairement votre colère, votre désapprobation, votre énervement... au risque de faire peur aux autres ou tout du moins de ternir vos relations.

Certes, il est bon de s'exprimer, de laisser sortir ses sentiments pour ne pas avoir de rancœur, mais se mettre dans un tel état de nerfs est tout aussi dommageable que le ressentiment : à vous fâcher ainsi tout rouge, vous risquez l'hypertension artérielle ou l'arrêt cardiaque !

À l'avenir, mettez tout en œuvre pour ne pas laisser monter la pression, pour garder le contrôle sur vos paroles et votre attitude : sans aller jusqu'à vous taire, apprenez à vous exprimer plus calmement – de toute façon, vous obtiendrez plus facilement ce que vous voulez ainsi.

Majorité de ▲ : vous avez trouvé l'équilibre

Chapeau bas ! Au lieu de vous mettre dans tous vos états, vous avez trouvé le moyen de vous exprimer tout en choisissant vos mots, de dire ce que vous avez sur le cœur tout en respectant votre interlocuteur... Essayez de garder le cap !

Majorité de ◆ : vous gardez tout pour vous

Sans doute avez-vous peur de perdre l'estime des autres, de ne plus les intéresser... vous souffrez sûrement d'un grand manque de confiance en vous. À moins que vous ne soyez trop naïve (si cette remarque vous énerve, dites-le !!!). Essayez d'exprimer vos émotions afin d'éviter tous les désagréments que le refoulement peut entraîner (somatiser, par exemple).

10 façons de ne pas monter en pression (et éviter l'effet « cocotte-minute »)

1. Soyez (un peu) égoïste

Il n'est pas écrit dans le marbre que vous devez être compréhensive, disponible et sympa tout le temps. Vous avez le droit de vouloir penser à vous. Et donc de refuser des services qui vous coûtent vraiment. Si vous culpabilisez, dites-vous bien que c'est à vous que vous rendez une fière chandelle.

2. Faites valoir votre droit

Vous avez cédé à un argument commercial sous l'effet des palabres du vendeur... Dès l'affaire conclue, vous commencez à regretter ce que vous avez fait (vous voyez déjà la tête de votre banquier quand il découvrira que vous avez signé pour un canapé en cuir pleine fleur, même s'il est très joli et garanti 5 ans contre les taches de Pépito). Ne vous martyrisez pas l'esprit en vous demandant pendant combien de temps vous allez vous nourrir de nouilles à l'eau pour éponger votre dette : pour tout contrat signé vous disposez d'un délai de rétractation de 7 jours.

3. Inversez les choses

Vous voulez toujours être la meilleure ? Mais la perfection est impossible à atteindre... Tour de passe-passe qui peut vous sauver : plutôt que de vous acharner à vouloir dépasser vos concurrents, considérez simplement qu'ils sont moins bons que vous. Et hop !

4. Confiez-vous

Un bon moyen de se mettre la pression toute seule est de refouler ses colères, ses sentiments négatifs, ses peurs... On ne vous demande pas d'être l'incarnation de la vertu ! Vous avez le droit d'avoir un côté sombre ! Au contraire, parlez de ce qui vous tracasse : cela vous aidera à prendre du recul et à envisager des solutions.

5. Faites preuve d'humour

C'est une excellente défense contre les critiques, les attaques et les remarques négatives : en répondant par une pirouette, vous montrez que cela ne vous atteint pas. Non seulement la pique tombe à l'eau, mais en plus cela se retourne contre celui qui l'a lancée.

6. Respectez quelques règles

Pour une engueulade qui ne tourne pas au massacre :

– ne pas se disputer devant les enfants ou d'autres proches (au risque de les prendre à partie) ;

– ne pas tout mélanger (et lui reprocher l'attitude de sa mère alors qu'on se dispute au sujet des vacances) ;

– ne pas casser de vaisselle (si c'est indispensable, avoir la lucidité pour jeter l'arcopal plutôt que le baccarat) ;

– ne pas claquer de porte, ne pas jeter ses affaires par le balcon, ne pas s'insulter, se frapper (s'entretuer ?).

7. Défoulez-vous

Comme les enfants à qui l'on dit : « Allez jouer dehors » quand ils sont intenables, allez taper dans la balle, vous crever en faisant des longueurs, vous épuiser en courant... L'activité physique étant un excellent moyen de vider son énergie, d'évacuer ses tensions, vous en tirerez un grand bénéfice pour retrouver votre calme.

8. Arrêtez la « procrastination »

Pour traduire, arrêtez de remettre au lendemain ! Reporter les problèmes ne les résout pas, bien au contraire... On sait bien que les tas de factures ont une fâcheuse tendance à gonfler, les vitres à s'opacifier et les frigos à se vider ! Attendre ne fait qu'aggraver les problèmes et faire monter la pression. Débarrassez-vous des tâches qui vous dérangent... vous serez soulagée (et pourrez souffler).

9. Apprenez la clémence

Votre boulot vous demande toujours plus. Vos revendications personnelles sont de plus en plus fortes. Vous montez la barre dans tous les domaines de votre vie et votre culpabilité grandit proportionnellement... Accordez-vous un peu de répit : soyez un peu indulgente avec vous-même !

10. Sachez aussi dire O-U-I !

Maintenant que vous avez appris à dire « non », vous pouvez faire des choix, ne pas vous laisser imposer ce qui ne vous convient pas... autant d'occasions de dire « oui » à tout ce qui vous fait plaisir !

5

Comment se relaxer sans difficulté

Comment lutter contre tous les parasites qui vous empêchent d'atteindre la sérénité ?

Vous avez les nerfs en pelote, les muscles tétanisés et les larmes au bord des yeux ? (Quel spectacle !) Il va falloir faire quelque chose pour vous. Travailler sur soi, maîtriser son stress, se bâtir un moral en béton est une entreprise de longue haleine. Ce qu'il vous faut maintenant, c'est vous détendre. Tout de suite. Absolument.

> **Attention !**
>
> Ne croyez pas qu'il suffit de s'affaler sur le sofa pour plonger avec délices dans la béatitude. Nan nan nan ! Se relaxer, vider son esprit, déconnecter sa tête de son corps... ça se travaille ! Vous êtes déjà fatiguée ? Fermez les yeux et n'écoutez que ma voix...

Outre les contrariétés et les problèmes quotidiens à l'origine de votre niveau élevé de stress, le bruit, la pollution, le manque de lumière sont des facteurs qui nuisent gravement à votre santé.

Pas la peine de chercher à vous relaxer si le voisin essaye un nouveau solo sur sa guitare électrique. Pas la peine de respirer profondément si le taux de monoxyde de carbone dépasse la norme. Pas la peine de tenter la méditation en boîte de nuit. Pour faire baisser votre pression intérieure, mieux vaut trouver les conditions adéquates...

Comment créer une ambiance sonore agréable ?

L'environnement joue un grand rôle dans l'apparition du stress : le bruit est une des agressions particulièrement mal vécues. À l'origine d'un grand nombre d'arrêts de travail dans les usines, cause de faits divers tragiques (des jeunes trop bruyants se font tirer dessus à la carabine), il peut rapidement être responsable de troubles physiques et psychologiques. Gêne, perte de l'audition, maux de tête, difficulté à se concentrer, stress, agressivité, etc. : autant de perturbations qui nuisent à votre bien-être.

Pour vous détendre

Difficile de changer d'environnement quand il s'agit de votre lieu de travail ou de votre domicile : vous n'allez pas forcément envisager de déménager, mais chercher à atténuer au maximum le bruit ambiant.

Une solution musclée (et assez coûteuse) consiste à faire installer du double vitrage si votre domicile n'en est pas équipé.

Vous pouvez également porter des bouchons d'oreilles, très efficaces pour atténuer le volume sonore.

Si vos voisins sont à l'origine du dérangement, n'hésitez pas à leur faire part de votre problème : l'aspirateur passé à 6 h du matin, les talons aiguilles de Madame sur le marbre, les ébats nocturnes toutes fenêtres ouvertes, le chien qui hurle à la mort toute la journée en leur absence... Usez de diplomatie et de courtoisie : entre personnes bien élevées, les choses devraient rentrer dans l'ordre. Si ce n'était pas le cas, n'hésitez pas à passer à l'étape suivante en écrivant une lettre recommandée ou en avertissant le syndic.

Pour vous préparer une vraie pause-détente, éliminez toutes les sources de bruit sur lesquelles vous pouvez intervenir : coupez la radio et le téléphone, demandez à Petit-Loulou d'arrêter son combat de Power Rangers (ou alors de jouer aux Power Rangers Muets !), fermez les fenêtres. Si le silence vous pèse, vous pouvez opter pour un disque d'ambiance sonore : chants d'oiseaux, crii crii des cigales, vagues de l'océan... autant de « bruits de fond » qui invitent à la détente, au rêve et à la sérénité. Mise en garde : évitez les ambiances « eau qui coule » du type fontaine ou ruisseau... vous seriez tout le temps obligée d'interrompre votre pause-détente pour une pause-pipi !

Recherchez le silence. Rien de tel que le silence pour se ressourcer ; si vous n'avez pas la motivation pour prendre une retraite dans un monastère ou un autre temple, programmez-vous un séjour « au vert », à la campagne (mais sans bruit de tracteurs !). Les promenades dans la nature permettent de se retrouver face à soi-même et de profiter d'un apaisement très bénéfique.

Si vous ne pouvez quitter la ville, vous trouverez certainement un jardin public (en dehors des heures où jouent les enfants) ou un espace vert pour sortir un peu de l'agitation. Les églises et les cimetières sont également des lieux parfaits pour profiter du silence.

Ça fait du bien de le savoir !

Vous connaissez les *quiet party* ? Il s'agit de soirées qui ont lieu dans les bars branchés : tout le monde doit faire le silence... Discussions et rencontres se font par écrit ! Mais est-ce vraiment un moment de détente pour ceux qui angoissent à l'idée de faire une « fote d'ortograf » ???

Comment créer une atmosphère saine ?

Pouark ! Les pots d'échappement !! Les fumées des usines !!! Les relents pestilentiels !!!! Difficile d'associer détente et sérénité avec pollution et air de mauvaise qualité. D'ailleurs, quand on souhaite faire une pause pour se mettre au vert, c'est tout naturellement vers des lieux à l'atmosphère pure que l'on pense... Prendre un bol d'air nettoie les bronches, mais purifie aussi votre esprit. Vous avez besoin d'oxygène !

Pour vous détendre

Vous vivez dans une grande ville et avez l'impression d'avoir les poumons goudronnés (même si vous ne fumez pas)... Difficile de lutter contre ce fléau (à moins de s'engager auprès de Greenpeace et d'adopter des habitudes écologiques sur le long terme...). En revanche, vous pouvez essayer d'améliorer les choses chez vous ou au bureau pour tâcher de gagner en sérénité.

Ça fait du bien de le savoir !

Ce n'est pas parce que vous fermerez la fenêtre que vous resterez dans une atmosphère pure : des études montrent que l'intérieur des habitations est souvent bien plus pollué que l'air de la rue. Les produits de construction (peintures, solvants, amiante, plomb...), la poussière, les résidus de combustion, les produits ménagers (aérosols pleins de gaz nocifs, etc.) sont autant d'éléments nuisibles.

Aérez !

C'est la seule solution pour évacuer les polluants : vérifiez que votre système de ventilation fonctionne correctement (et notamment que les évacuations ne sont pas obstruées). Tous les jours, ouvrez largement vos fenêtres pour « changer l'air » et veillez aussi à bien ventiler les pièces quand vous cuisinez ou que vous bricolez.

Allez respirer !

Au bord de l'océan (air gorgé d'embruns), là-haut sur la montagne (air sec et piquant), en pleine cambrousse (odeurs de bouses ?)... changez d'air, pratiquez de longues inspirations, ayez l'impression de vous remplir de quelque chose de neuf : c'est très stimulant !

Parfumez !

Si vous programmez une séance de détente chez vous, pourquoi ne pas adoucir l'ambiance en respirant des huiles essentielles agréables ? N'allons pas jusqu'à affirmer (comme le font les services marketing de ce genre de produits) que ces « parfums » ont de véritables vertus thérapeutiques. Mais puisqu'ils sentent bon... pourquoi pas ? Déposer quelques gouttes d'essence sur un diffuseur (électrique ou chauffé par une bougie) dégagera un parfum agréable : eucalyptus, lavande ou encore orange sont connus pour leurs vertus assainissantes. Il existe également un très large choix de parfums d'intérieur : à vous de trouver celui qui vous conduira vers la sérénité (tout en étant attentive à l'usage que l'on en fait, certaines substances pouvant se révéler toxiques).

Ça fait du bien de le savoir !

Connaissez-vous les propriétés de l'oxygène ? On lui reconnaît de grandes vertus : en stimulant les réactions chimiques de l'organisme, il dope la vitalité et les défenses immunitaires (et vous fait des globules rouges super performants). Il renforce le système nerveux, améliore la concentration... D'ailleurs, où envoie-t-on les sportifs de haut niveau avant une compétition ? En altitude...

Comment créer une lumière agréable ?

Difficile d'envisager de se détendre en étant exposée sous des néons violents ou face à une enseigne clignotante... Si vous programmez une petite séance zen, créez-vous une douce lumière : la solution la plus agréable étant d'allumer des bougies un peu partout, dans un esprit « vaudou » particulièrement apaisant.

Choisissez des ampoules qui reproduisent la lumière du jour : plus chères à l'achat, elles se révèlent très agréables pour éclairer vos pièces à vivre.

Pour toutes vos activités de précision (lecture, travaux manuels, épilation de la demi-jambe à la pince à épiler), veillez à avoir un éclairage précis, ni aveuglant, ni insuffisant : dans la pénombre, vous « forcez » vos yeux – ce qui peut entraîner une fatigue visuelle, voire des maux de tête...

Ça fait du bien de le savoir !

Vous avez certainement déjà entendu parler de la déprime saisonnière ou coup de blues hivernal... Le manque de lumière est en partie responsable de ces déprimes passagères. Pour lutter contre ce phénomène, exposez-vous au maximum à la lumière du jour (si vous bossez dans un sous-sol éclairé aux néons, profitez de la pause-déjeuner pour aller voir dehors).

Comment le feng shui peut vous aider à vous faire un cocon-douillet-propice-à-la-détente ?

Que vous soyez pro de la déco (votre ambition dans la vie, c'est que votre maison soit sélectionnée pour un reportage dans *Belles Demeures*) ou que cela soit le cadet de vos soucis (« Ah bon ? c'est ringard les napperons en dentelle ??? »), vous aimeriez bien que votre intérieur soit un haut lieu de sérénité. Difficile de transformer votre F2 exigu en un havre de paix (la grosse armoire normande n'est pas vraiment de style zen...) ; pourtant, sans vouloir modifier votre aménagement en profondeur, il est sûrement possible d'apporter quelques retouches à votre installation et vous entendre dire : « Ah, qu'est-ce qu'on est bien chez toi ! »

Pourquoi ne pas profiter de 3 000 ans de tradition ?

À moins d'avoir passé les dix dernières années en Papouasie du Sud-Est, vous avez certainement déjà entendu parler de cet

art chinois ancestral qu'est le feng shui : cette discipline connaît un tel engouement qu'il est difficile de l'ignorer.
De quoi s'agit-il exactement ? Pour simplifier, petite définition : le feng shui est une discipline dont le but est d'aménager l'espace afin d'optimiser la circulation de « l'énergie cosmique » en vue d'améliorer la qualité de vie. Tentant, non ?

Révisons les notions de base

Selon le feng shui, notre existence et notre destin sont intimement liés aux mécanismes de l'univers et de la nature dans lesquels des forces s'opposent et se complètent : le yin et le yang. De cette opposition naît une énergie vitale, une force qui unit l'homme à son milieu, appelée *ch'i* (que l'on pourrait traduire par « l'âme humaine », « l'énergie ou le souffle cosmique »).

Le feng shui a pour but de trouver le juste équilibre entre les énergies qui nous entourent, d'harmoniser celle qui circule dans notre environnement avec celle qui traverse notre corps, afin de nous apporter la sérénité.
L'aménagement de notre intérieur se prête particulièrement bien à cette recherche d'harmonie : la maison reflète notre manière d'être, elle révèle nos besoins (en déménageant, par exemple, on adapte son environnement à une évolution de sa vie...). En modifiant la disposition de certains objets ou meubles, en équilibrant les cinq éléments fondamentaux (bois, feu, terre, métal, eau), on peut modifier l'énergie d'une pièce et créer une atmosphère propice à l'harmonie.
Sans doute que le tout est d'y croire très fort (attitude très positive – c'est déjà un début)... mais pourquoi ne pas essayer ?

À chaque pièce son aménagement feng shui

Visite guidée pour un intérieur tout en sérénité...

L'entrée

- On considère que la porte d'entrée de la maison est l'ouverture par laquelle toutes les énergies vont s'engouffrer dans l'habitation : il est donc important de soigner cet espace. Plus l'entrée sera dégagée, mieux le *ch'i* pourra y pénétrer. Il ne doit pas rencontrer d'obstacles et notamment d'éléments mal rangés ! Ne laissez pas traîner de vêtements, de chaussures, ne suspendez pas votre manteau sur une patère... mais rangez tout dans un placard.
- Décrochez le miroir que vous avez placé en face de la porte d'entrée : le *ch'i* qui rentrerait dans votre maison serait immédiatement renvoyé vers l'extérieur. Tant pis pour le dernier-coup-d'œil-dans-la-glace-avant-de-partir (enfin, comme c'est un geste quand même indispensable, trouvez un endroit plus approprié pour l'installer) !
- Mieux vaut que l'entrée de votre habitation soit bien éclairée, sinon l'énergie aura du mal à pénétrer : multipliez les points lumineux afin d'attirer les vibrations yang (énergie positive). En plus, c'est tellement plus accueillant de faire jaillir la lumière plutôt que de pénétrer dans une maison sombre !
- L'idéal serait que l'entrée donne directement sur le salon et non sur les chambres (plaignez-vous auprès de votre architecte) : trop près de l'entrée, on ne dort pas avec le sentiment d'être protégée. Si la cuisine donne sur l'entrée, on aura la sensation d'avoir toujours faim : pensez-y en élaborant les plans de votre future construction !!

Le séjour

Il s'agit du cœur de la maison, la pièce la plus vivante et la plus animée : il doit être un lieu de rencontre pour toute la famille, un espace de convivialité.

- Si possible, établissez votre « pièce à vivre » du côté de la façade principale de la maison. Choisissez la surface la plus grande (dans un studio, la question ne se pose pas).
- Veillez à la disposition des places assises : pour favoriser une bonne circulation des énergies, l'idéal est de placer un canapé et deux fauteuils en face (dans un effet de ping-pong, les personnes assises face à face se renvoient les bonnes ondes – si vous ne placez pas de fauteuils en face du canapé, tout le *ch'i* va s'échapper !). Disposez une table basse entre le canapé et les fauteuils : l'énergie pourra tourner autour et accroître l'harmonie.
- Le salon doit être une pièce très chargée en yang (énergie positive, très vivante). Pour cela, disposez un éclairage soutenu sans être agressif, privilégiez les couleurs vives (plutôt que « le beigeasse et le marronnasse », très chics, mais trop sobres).
- Disposez des plantes vertes : elles attirent les énergies positives et protègent des éléments agressifs.
- Choisissez des meubles moelleux et arrondis pour aider à la relaxation. Ne surchargez pas trop la pièce (à la poubelle tous les bibelots ! en plus, ce sera plus facile pour faire la poussière !).
- Un feu de bois est une source d'énergie incroyable : si vous ne possédez pas de cheminée (avec peau de bête devant), élément yang et fédérateur (tout le monde aime se grouper autour), rabattez-vous sur les bougies dont les petites flammes seront autant de sources de chaleur.

La salle à manger

- Contrairement à l'entrée de la maison où il est proscrit, disposez un miroir dans la pièce où vous prenez vos repas : en multipliant les personnes autour de la table et les aliments qui y sont disposés, vous développerez l'idée de la prospérité.
- Préférez les tables rondes (l'énergie circule autour) : de manière générale, il vaut mieux éviter les meubles à angles vifs, trop agressifs (ça fait mal quand on s'y cogne).
- Les chaises doivent se compter en nombre pair (l'impair est synonyme de « solitude » et de « tristesse »).

La cuisine

Puisque tous les repas y sont préparés, ce lieu développe une forte énergie et doit être empli de bonnes vibrations (au risque de faire tourner la mayonnaise !).

- L'emplacement idéal se trouve loin de la porte d'entrée, proche de la salle à manger et plus éloigné du salon. Attention aux cuisines américaines qui, sans séparation avec la pièce à vivre, incitent au grignotage permanent (et bonjour les odeurs de friture) !
- La table de cuisson ne doit pas se trouver au centre de la pièce : cela symboliserait les tensions placées au cœur de votre vie de famille... Oubliez les cuisines super design avec tous les éléments de cuisson au centre (même si c'est super tendance : sacrifiez votre branchitude à votre bien-être).
- L'évier et la cuisinière ne doivent pas se faire face, au risque que « l'eau attaque le feu sacré » qui permet la cuisson des aliments... Si vous ne pouvez changer la disposition des éléments, veillez à placer une table entre les deux pour éviter les conflits d'énergie.

- Même si vous aimez le côté « laboratoire » dans la cuisine (tout l'électroménager en inox), veillez à égayer la pièce par des couleurs (torchons, objets décoratifs) et des plantes (même le pot de basilic pour la salade apporte de bonnes vibrations !). Pensez au bouquet de fleurs fraîches en centre de table.
- Rangez les objets coupants (les couteaux en exposition, on oublie !) qui nuisent à la circulation de l'énergie (en plus, c'est dangereux).

La chambre

Elle est le lieu par excellence de la détente, du sommeil et de l'amour... elle doit permettre la relaxation, l'intimité. Accordez-lui un grand intérêt : vos nuits et vos réveils en seront meilleurs.

- Il faut éviter tous les appareils électriques qui dégagent des ondes néfastes au sommeil : ordinateur, télévision et autres objets perturbateurs – si vous ne pouvez pas vous en passer, pensez au moins à les éteindre pour la nuit et non les mettre en veilleuse (vous couperez vraiment les émissions d'énergie et, en plus, vous ferez des économies d'électricité).
- L'eau et le sommeil ne font pas bon ménage : déplacez aquarium, fontaines et autres tableaux marins dans d'autres pièces. Les plantes, trop énergétiques, ne sont pas non plus invitées dans la chambre.
- Le miroir est également à proscrire : il renvoie les énergies négatives et multiplie le nombre de personnes dans la chambre... ce qui nuit à l'harmonie du couple (à moins d'aimer ça) !
- Dans cette pièce, on privilégie les couleurs douces, peu agressives.
- Mieux vaut que le lit soit appuyé contre un mur. L'idéal étant qu'il ne soit pas positionné face à la porte, ni à une fenêtre (et

si en plus il faut dormir avec la tête au nord... il faut passer un diplôme de géographie avant d'aménager sa chambre !).

- Le dessous du lit doit être propre pour éviter que le *ch'i* ne stagne : n'oubliez pas de passer l'aspirateur !

La salle de bains

Il s'agit d'une pièce chargée de yin, où l'eau qui passe dans les canalisations laisse s'échapper les énergies, phénomène renforcé par le fait qu'elle est souvent mal éclairée et mal ventilée.

- La salle de bains doit être séparée de la chambre pour que l'eau ne viennent pas perturber le sommeil (si votre *bathroom* communique avec la chambre, fermez la porte).
- Utilisez des couleurs ayant trait avec l'eau : bleu, vert, blanc.
- Fermez la cuvette des W.-C. pour que le *ch'i* ne s'enfuie pas par là (l'eau entraîne les énergies hors de la maison)...
- Disposez des plantes vertes qui absorbent l'humidité propice à la stagnation du *ch'i*.

Le bureau

- Plus que jamais, il faut bannir le fouillis pour éviter que l'énergie ne bute contre les objets mal rangés.
- Mieux vaut ne pas être directement en face d'un collègue : cela peut être source de tensions (voir la tête de Gilbert toute la journée, c'est déprimant, de toute façon !).
- Les plantes vertes sont intéressantes pour leur flux d'énergie qui favorise les initiatives et l'esprit d'entreprise.
- Si vous travaillez à domicile, séparez bien les espaces privés et pro car le *ch'i* lié à l'activité professionnelle et le *ch'i* domestique sont assez incompatibles.

Ça fait du bien de le savoir !

Les couleurs ont une grande influence sur nos vies – vous le savez bien. Quand vous vous habillez en « veuve corse », c'est que le moral n'est pas au beau fixe... quand vous avez envie d'un cardigan vert gazon, c'est bon signe ! Le feng shui donne une importance particulière à l'énergie apportée par les couleurs (à étudier avant de repeindre son appart').

• Noir : il symbolise l'argent, les revenus ; parfaitement adapté à l'activité professionnelle.

• Bleu : l'effet apaisant du bleu s'accorde parfaitement aux activités intellectuelles et à la sagesse.

• Jaune : il représente la chaleur et incite à la communication, à l'amitié et à la gaieté.

• Blanc : c'est le symbole de la pureté.

• Orange : la couleur associée à l'organisation ; il stimule la créativité.

• Vert : associé à la fraîcheur ; il symbolise la croissance et le développement.

• Rouge : représente la bonne fortune et peut apporter chance et amour.

Comment se plonger avec délices dans la relaxation ?

Vous avez fait de votre chez-vous un petit cocon où il fait bon se détendre... pourtant, vous avez un mal fou à vous défaire de votre stress : malgré les bougies, la musique d'ambiance et les vapeurs de lavande, vous avez toujours les nerfs en pelote.

Sans doute n'avez-vous pas la bonne méthode. Ce n'est pas seulement en fermant les yeux que l'on peut chasser les tensions et en se répétant : « Je me détends, je me détends... » que l'on parvient à lâcher prise. Non, non, non. Se relaxer, ça s'apprend.

La relaxation : une vraie thérapie

Eh oui, c'est du sérieux ! Si les publicités pour des massages ou autres soins divers fleurissent partout, la vraie relaxation est une méthode, une technique pratiquée par des professionnels de la santé.

Ensemble de techniques qui visent à obtenir une détente psychique et corporelle, elle est le plus souvent considérée comme une psychothérapie « à médiation corporelle » et, pour cela, pratiquée par des psychothérapeutes. Elle est également l'apanage de kinésithérapeutes, médecins ou infirmières formés à ces méthodes.

Il existe différentes techniques, mais toutes visent à atteindre le même but : la recherche volontaire du relâchement, détendre le corps (en réduisant le tonus musculaire) pour évacuer les tensions psychiques, faire le vide mental. Le relâchement musculaire n'est qu'un moyen préliminaire de traiter des problèmes d'ordre plus profond, l'objectif final étant d'arriver à l'épanouissement personnel, à la modification de sa vie affective et émotionnelle (parvenir à ne plus se laisser submerger par le stress). Il s'agit donc d'une méthode globale, qui active nos mécanismes d'autoguérison : lors du dialogue qui précède la séance, la personne doit évoquer les éléments qui la perturbent et envisager les changements à apporter pour ne plus être atteinte par eux.

À l'origine de ces pratiques, on trouve le « training autogène » du professeur Johannes Heinrich Schultz (neuropsychiatre allemand, 1884-1970), mis au point vers 1930 sur la base de l'autohypnose et du hatha-yoga (une des formes les plus accessibles du yoga).

Comment se déroulent les séances ?

On peut pratiquer la relaxation en groupe ou individuellement. La séance peut durer de 10 min à 1 h (de préférence tôt le matin ou en fin d'après-midi... c'est le meilleur moment, on est prête à aller se coucher !).

Les préliminaires sont importants

- Une pièce calme, dans la demi-obscurité et à une température moyenne.
- Porter des vêtements agréables (ni trop serrés, ni trop légers ou trop chauds) et retirer tout ce qui peut vous gêner (chaussures, ceintures, barrettes, etc.).
- Ne pas avoir envie d'aller aux toilettes.
- Éviter de prendre un repas lourd avant une séance.
- Éliminer les éléments perturbateurs (téléphone, sonnette, enfant qui réclame son goûter, etc.).
- Être en position assise (vous devez être confortablement installée, adossée ou pas, les bras relâchés) ou allongée, jambes et bras légèrement écartés.

Ça fait du bien de le savoir !

Dans le cadre d'une séance de relaxation, la respiration est essentielle. Alors qu'elle a tendance à s'accélérer et à se placer très haut quand on est stressée, il s'agit ici de passer à une respiration abdominale (inspirer doucement en gonflant le ventre et expirer en le rentrant). Telle une vague qui apaise et qui détend, elle doit être ample pour faire circuler l'air et non le bloquer. Maîtriser sa respiration permet une meilleure oxygénation et entraîne une diminution de la tension nerveuse et musculaire. Vous pouvez pratiquer cette méthode dans toutes les situations où vous sentez la pression monter.

La technique

Il existe plusieurs exercices dont le but est de parvenir à une « déconnexion » de l'organisme, un relâchement total. Le praticien prononce des formules d'autosuggestion qui permettent de porter son attention sur son ressenti.

En général, il commence par la phrase « Je suis tout à fait calme » : le patient imagine alors cet état. En fait, ce n'est pas de le répéter 36 fois qui vous fera parvenir au calme : cette phrase n'est pas une formule magique ! C'est une direction à prendre, un chemin qui est montré... Il faut s'imaginer calme et détendue pour pouvoir l'être vraiment.

On continue ensuite avec des phrases du type « Mon bras est lourd » ou « Mon corps est lourd ». En imaginant et en se concentrant sur ces sensations, le corps se relâche effectivement.

La contraction, puis la décontraction des muscles, en suivant le schéma corporel (du bas vers le haut, par exemple), permettent d'effacer les tensions : la relaxation musculaire induit alors une sensation de pesanteur et de chaleur dans les membres, active la circulation sanguine et déclenche de nombreuses réactions physiques qui améliorent le sommeil, la digestion, le rythme cardiaque, etc.

Ainsi détendue, on peut ensuite passer à un niveau supérieur où l'accent est mis sur l'imagerie mentale et non plus sur les sensations.
En visualisant des images positives (lieu que l'on aime, moment agréable, couleur dans laquelle on se sent bien), on projette la réalisation d'un objectif, on imagine son succès et l'on se forge un mental en béton !
À la fin de l'exercice, une « remontée » progressive est ménagée : on ne se lève pas d'un bond ! on effectue des étirements, on reprend le contrôle de ses membres...

À noter !

Pour commencer à pratiquer cette méthode, il est bon d'être accompagnée par un praticien spécialisé : en effet, les réactions de chaque individu sont différentes. Lors de la « déconnexion », on entre dans une forme de « régression » : certains peuvent ressentir des angoisses, avoir l'impression de ne plus « sentir » leurs membres, de revivre un cauchemar... ce qui peut sembler aller à l'encontre du but recherché. La présence d'une personne expérimentée, qui saura calmer les inquiétudes, est très rassurante.

À noter *bis* !!

Une fois que vous aurez pris l'habitude de vous plonger dans cet état si agréable du « lâcher-prise », vous pourrez pratiquer cette « mise en flottement » toute seule, à tout moment. Avec un peu d'expérience, on parvient à se décontracter ainsi sans même avoir besoin de s'allonger, on peut arriver à se détendre en plein cœur d'un embouteillage ! (On évite quand même de fermer les yeux au milieu d'un carrefour...)

À noter *ter* !!!

Au début, l'une des craintes est d'avoir peur de rire, de ne pas arriver à se déconnecter, de ne pas faire taire sa « voix intérieure » qui vous dit : « Mais qu'est-ce que tu fais là, à souffler en chœur avec d'autres gens aussi ridicules que toi ???... », mais on est très vite surprise de sa capacité à se plonger dans ses sensations et à se concentrer. C'est d'autant plus motivant et positif : non seulement on est détendue, mais en plus on est fière de soi !

Les autres techniques

Pour varier les plaisirs... il existe de (très) nombreuses méthodes pour parvenir à la détente dont vous avez besoin. À vous de trouver celle qui sera la mieux adaptée à votre personnalité :

Le yoga

L'histoire du yoga remonte au moins à 5 000 ans... et dresser un tableau de toutes ses variantes et de toutes ses écoles en quelques lignes serait impossible (on mettrait l'auteur dans un état de nerfs tout à fait nuisible pour sa santé mentale).

Pour aller à l'essentiel, on pourrait retenir ceci :

- Le terme *yoga* repose sur une racine que l'on retrouve en français avec les mots *joindre*, *jonction*, *joug* : le sens général est celui de « l'unification intérieure ».

- La terre d'origine du yoga est l'Inde et toute son histoire est liée à cette civilisation. C'est une méthode élaborée depuis la plus lointaine Antiquité pour aider les êtres humains à trouver le bien-être, le bonheur et l'unité dans leur corps et leur âme. Tout au long de son évolution à travers les siècles, il désigne toujours des formes de disciplines qui unissent le corps et l'esprit, les contradictions psychologiques, l'homme et l'univers, l'humain et le divin... tout ce qui peut être « joint » pour procurer un état de bonheur, de plénitude ou de libération.
- Les yogas indiens sont très variés : autant de maîtres, autant d'interprétations d'une base commune faite de postures, d'exercices respiratoires, de techniques de concentration. Pendant des siècles, les Indiens ont découvert et affiné de nombreux moyens pour parvenir à la sérénité. Cela peut aller de la simple détente jusqu'à une recherche spirituelle – ce qu'on appelle « la méditation ».
- Ces formes diverses ont été recueillies en Occident. Généralement, c'est un maître indien ou ses élèves occidentaux qui transmettent un enseignement original, dans des cours ou des sessions. Le yoga peut en effet beaucoup apporter : les conditions de vie moderne créent de nombreux déséquilibres qui sont aisément compensés par une harmonie du corps et de l'esprit.

Concrètement

Pratiquer le yoga permet de « faire une pause » dans son rythme effréné : grâce à un travail sur le corps et le souffle reliés au mental, on recherche la détente et la concentration. Le yoga permet de se recentrer sur soi, de revenir à l'essentiel. Il est, certes, un outil, mais c'est aussi une quête. C'est une façon de se prendre en main, de faire attention à soi.

De nombreux exercices, toniques ou au contraire apaisants, permettent d'apporter une sensation de bien-être, de défoulement (on a la sensation d'être vidée... idéal avant d'aller se coucher !). Sur le long terme, les bénéfices se ressentent aussi au niveau de la souplesse, de la posture, des articulations. On commence à apprendre en suivant des cours et, ensuite, on peut travailler seule, chez soi.

Ça fait du bien de le savoir !

Pour pratiquer le yoga, mieux vaut porter une tenue très souple, dans laquelle on se sente vraiment à l'aise. Les *fashionistas* seront ravies : des stylistes (Sonia Rykiel, Gucci, Christy Turlington, etc.) se sont penchés sur le sujet et proposent des vêtements hyper tendance... *so hype* !

L'hypnose

Bien sûr, on ne parle pas ici des démonstrations de foire du genre « Dormez, je le VEUX ! » (ces pratiques « magiques » vous font carrément peur...).

La (vraie) technique est reconnue pour ses résultats dans le domaine de la gestion du stress, du contrôle de la douleur ou de l'aide pour se libérer de certains comportements (du type arrêter de fumer ou perdre du poids). L'hypnose a également de nombreuses applications dans les traitements de maladies. Reposant sur le principe de la suggestion (si l'on vous dit de guérir, vous allez guérir), elle vous propose, par exemple, de remplacer vos mauvaises habitudes par d'autres (fumer ne vous donne pas de plaisir, mais vous dégoûte) ou de réduire l'effet de certains agents stressants (« Parler en public ne me fait pas peur ; au contraire, cela me valorise »). En permettant d'accéder à l'inconscient, on peut revivre des situations, des rêves ou des émotions difficiles : en les traduisant en mots, on leur fait perdre leur pouvoir de nuire.

Quelques séances d'hypnose avec un praticien peuvent être le point de départ d'un entraînement en solo : vous atteindrez plus vite la détente profonde et accéderez à la visualisation mentale plus facilement.

Ça fait du bien de le savoir !

L'hypnose vous fait peur parce qu'elle touche à l'inconscient et que vous craignez la manipulation : qui vous dit que celui qui vous endort ne va pas vous demander de faire des choses peu recommandables ? N'ayez crainte, votre cerveau est comme un système informatique doté de nombreuses sécurités : quand on pénètre dans certaines zones, des alarmes se déclenchent et vous empêchent d'obéir à des injonctions qui seraient contraires à vos principes (vous ne danserez pas nue sur le balcon parce qu'on vous l'a demandé sous hypnose... enfin, sauf si vous en rêvez secrètement !).

La sophrologie

Mise au point par le professeur Alfonso Caycedo, en 1960, cette méthode fait la synthèse entre la relaxation occidentale et la méditation orientale : elle développe la conscience afin de trouver (ou retrouver) l'équilibre entre nos pensées, nos émotions et nos comportements.
Une de ses visées principales est d'éliminer les peurs (qui vous bloquent) et d'optimiser ainsi vos possibilités.

Le déroulement

- Grâce à la voix du thérapeute et à des exercices de respiration, on entre dans un état de relâchement corporel, dans le « lâcher-prise ».
- Des émotions douloureuses, des souvenirs désagréables, des angoisses enfouies peuvent ressurgir... Revivre ces scènes ou ces sentiments, se projeter dedans, aidée par le discours activateur du thérapeute, permet de convertir ces points négatifs en positifs.

Plus développée que la relaxation simple (de nombreuses techniques y sont ajoutées, comme la respiration dirigée, la perception des sensations corporelles, le travail sur la perception du poids et des formes du corps, etc.), la sophrologie permet d'atteindre un niveau de conscience nouveau, entre la veille et le sommeil, propice à l'harmonie avec soi et le monde extérieur.

Connaissez-vous l'étymologie du mot *sophrologie* ?

Il est composé de trois termes grecs :
– *sos* : « équilibre, harmonie » ;
– *phren* : « diaphragme, âme affective » et, par extension, « esprit, conscience » ;
– *logos* : « savoir, étude, discours ».

Le tai-chi-chuan

Pratiqué depuis des millénaires en Chine, le tai-chi-chuan est une discipline qui connaît un succès grandissant en France : à mi-chemin entre un art martial et une méthode de relaxation, il repose principalement sur des méthodes de maîtrise de la respiration et des gestes. Il s'agit de se battre contre un adversaire imaginaire (d'où le surnom de « boxe du vide » ou « boxe des ombres »), en pratiquant des mouvements très souples, très lents et continus. On révèle ainsi sa « force interne » tout en décontractant les muscles grâce aux étirements.

Reposant sur un principe d'énergie qu'il s'agit de nourrir par le « souffle intérieur » pour accéder à une certaine puissance spirituelle, cette pratique a de véritables effets relaxants grâce à l'état de concentration auquel elle mène et grâce au travail sur le souffle dont on connaît déjà les bienfaits.

L'idéal est de pratiquer en plein air : on ajoute ainsi le contact avec la nature et un bon bol d'oxygène aux effets déjà intéressants de cet art martial.

La méditation

Plus qu'une technique, une méthode, la méditation est un état d'esprit, une philosophie, une spiritualité. Pratique de base du bouddhisme, elle part du principe que notre bonheur se trouve dans notre esprit et non dans les conditions extérieures et matérielles qui nous entourent : méditer, c'est chercher la pureté, la paix et l'unification en nous (et rejeter toutes ces pensées qui nous perturbent : l'attente des soldes Zadig & Voltaire, la hauteur de talon à la mode pour cette saison ou le degré d'effilage de votre coupe de cheveux).

Basée sur la respiration dans un premier temps, la méditation permet de se concentrer et d'éliminer de son esprit toutes les pensées parasites pour trouver une paix intérieure, un calme mental, propice à la détente. Grâce au contrôle, par la seule force de notre esprit, on peut atteindre la sérénité – ce qui procure un bonheur et un contentement profonds (bien loin de tous les plaisirs futiles que sont, au choix, dégoter un rouge à lèvres parfaitement assorti à son nouveau tee-shirt ou encore trouver une place assise dans le bus).

Parvenus à cet état de paix, les problèmes quotidiens semblent plus légers, nous faisons mieux face aux situations difficiles, moins soumis au stress. Nos relations aux autres s'améliorent... c'est :

- le paradis ;
- le kif ;
- le nirvana ;
- les trois à la fois !

La musicothérapie

Vous le savez bien : la musique a un effet sur le corps. Sans le vouloir, vous aimez accompagner vos pauses-détente de musique *lounge* et, pour vous stimuler, vous mettez le dernier Madonna dans votre iPod.

Non reconnue en France comme une méthode scientifique, la musicothérapie est le plus souvent utilisée en complément d'autres techniques. Elle repose sur le principe de la visualisation mentale portée par la musique : les tensions physiques et psychiques sont plus facilement éliminées grâce à la perception des vibrations musicales.

La musicothérapie s'adresse en priorité aux personnes souffrant d'un grave problème de communication, atteintes de troubles névrotiques, affectifs ou de l'attention. Elle est également utilisée en néonatologie ou encore dans les services de gériatrie.

Attention aux charlatans !

Il n'y a pas de statut spécifique pour les musicothérapeutes : les formations sont diverses et non reconnues au niveau national. Tout le monde peut donc s'improviser.

L'eutonie

Non, il ne s'agit pas d'un pays balte... mais d'une méthode issue du yoga qui repose essentiellement sur la posture et le tonus musculaire.

La perception corporelle que nous avons a une portée psychologique sur notre quotidien : cette méthode d'exploration de soi (notamment par la respiration et des mouvements très lents) permet d'apprendre à reconnaître et à ajuster les tensions du corps afin de s'adapter à chaque situation. Cette pratique favorise la maîtrise émotionnelle et un meilleur usage des forces mises en œuvre par le corps. Elle est donc un véritable enrichissement pour la qualité de vie.

10 façons d'être hyperdétendue (mais sans s'écrouler quand même)

1. Rêvez les yeux ouverts

Vous connaissiez et pratiquiez déjà la méthode de la visualisation mentale : il vous arrive souvent de rêver éveillée ! Quand vous passez devant une paire de chaussures sublimes et que vous les imaginez très bien à vos pieds, quand vous voyez Thibaud de la compta arriver et que vous visualisez des images très *hot* (alors qu'il vient vous demander de justifier une note de frais)... vous êtes en plein dedans. Continuez ! C'est bon pour votre moral !

2. Respirez par le ventre

Bien respirer est avant tout prendre conscience de sa respiration (comme c'est un mouvement instinctif, si l'on n'y fait pas attention, on ne se rend même pas compte que l'on respire). Pour ramener le calme quand on est trop agitée (souffle court), rien de tel que la technique du 4 × 10. On gonfle le ventre en inspirant par la bouche (on compte jusqu'à 10). On remplit les poumons en inspirant par le nez (on compte jusqu'à 10). On bloque (on compte jusqu'à 10). On souffle (on compte jusqu'à 10). Le but est d'arriver à faire environ 6 respirations par minute.

3. Croyez en votre pouvoir

De nombreuses méthodes de relaxation ou d'aide à l'épanouissement personnel reposent sur le fait de croire que nous possédons en nous les forces nécessaires pour nous sortir des situations difficiles. Il suffit parfois de se faire aider à trouver ces ressources : vous avez toutes les cartes en main pour vous dépasser !

4. Revenez aux fondamentaux

Retirer ses chaussures, boire un verre (un tout petit), prendre un bain... autant de gestes qui vous permettent de décompresser quand vous rentrez après une grosse journée de boulot. Le plus souvent, vous ne vous autorisez cette détente qu'après avoir donné le bain aux enfants / préparé le dîner / classé les factures / téléphoné à votre mère / écouté l'Homme raconter ses misères au boulot... Si un programme aussi chargé vous attend tous les soirs, rien ne vous empêche pourtant de vous mettre à l'aise : une tenue décontractée (pas une chemise de nuit non plus), une boisson réconfortante (pas forcément du ti' punch, mais un thé ou un verre de vin) vous aideront à entamer la troisième partie de votre journée.

5. Choisissez des sports « détente »

Certaines activités physiques sont plus relaxantes que d'autres : il va sans dire que 1 h de natation ou un parcours de golf sont plus apaisants qu'une partie de squash ou un cours de salsa... Privilégiez donc les sports qui vous apporteront détente et relâchement : à l'amélioration de votre condition physique vous ajouterez un effet psychologique appréciable.

6. Explorez de nouvelles voies

Il existe de très nombreuses techniques visant à vous relaxer, à vous recentrer, à « reconnecter » votre corps et votre esprit : *rebirth*, *reiki*, auriculothérapie, « harmonisation active personnalisée »... autant de chemins que vous pouvez essayer pour améliorer votre bien-être, pour gagner en sérénité. Tentez de nouvelles expériences, testez quelques séances : en tâtonnant, vous trouverez sans doute la pratique qui vous conviendra le mieux.

7. Soyez zen au dodo

Pas toujours le temps de faire une séance de sophro, d'aller au cours de yoga, de pratiquer la relaxation... Rien ne vous empêche de profiter du moment où vous vous couchez pour essayer de vous plonger dans un état de relaxation profonde : au lieu de ressasser vos différents problèmes de la journée, essayez de visualiser votre corps, de repérer les tensions et de les détendre consciemment. C'est la voie toute tracée pour une nuit délicieuse.

8. Trouvez le bon cadre

Certains paysages ont une puissance, une beauté, un calme qui invitent à s'arrêter juste pour s'en imprégner : l'océan, un lac, des dunes, un jardin japonais, des champs de blé caressés par le vent (sortez les Kleenex), etc. En présence d'un tel lieu, sachez vous arrêter pour vous laisser envahir par la sérénité, l'équilibre et la paix. Plus tard, ces images pourront vous servir pour vous relaxer. Notez-le : un poster peut parfois faire l'affaire (même si ce n'est pas le top au niveau déco).

9. Regardez un truc débile à la télé

Vous ne vous en vanterez pas le lendemain, O.K.! Mais se coller devant une émission de divertissement, une série « chabadabada », un jeu du niveau cour de récré... ça vide la tête (les publicitaires se chargent de la remplir ensuite) et ça détend prodigieusement.

10. Ouvrez votre braguette

C'est pas pour rigoler ! Ouvrir discrètement son pantalon quand on a abusé de la choucroute, quand l'estomac est au bord de l'implosion... il n'y a rien de plus relaxant ! Soyez discrète, mais n'hésitez pas à vous soulager : être ainsi comprimée peut nuire à votre digestion et à votre bien-être !

6

Comment apprendre à être optimiste

Comment modifier sa perception des événements ?

« Je vais bien, tout va bien ! » Vous l'avez bien compris : être bien dans sa peau, avoir le sourire aux lèvres dès le matin, déborder de vitalité, prendre les remarques acides de la chef du personnel avec philosophie... c'est pas gagné au naturel : ça se travaille. Gérer son stress, avoir confiance en soi, résister à la pression, c'est un boulot au quotidien (c'est fatigant de se détendre !). Mais voir la vie en Technicolor, ne pas toujours envisager le côté noir des événements, penser que ce qui va arriver sera forcément bon (et ne pas envisager le pire à tous les coups), vous êtes convaincue que cela dépend du caractère, de la personnalité, qu'il s'agit d'une question de gènes (avec une mère dépressive chronique, vous avez été élevée avec le sentiment que la vie ne réserve que des déceptions...). Eh bien non ! Bonne nouvelle (voyez un peu comme je suis gaie !) !!! On peut modifier sa perception des événements. On peut s'obliger à voir la moitié pleine du verre, se persuader qu'il restera un 38 dans les tuniques Antik Batik en solde, décréter que l'on passera une bonne soirée chez les Dumont, se convaincre que le contrôleur fiscal ne verra pas que vous avez oublié un zéro dans la colonne ZYX54V.

Allez ! On se lance ?

C'est quoi « être optimiste » ?

Par définition, l'optimisme, c'est l'art d'améliorer sa vie. Non pas en vous achetant un énième appareil ménager qui fera les vitres à votre place ou en ne vous nourrissant que de yaourts à 0 % pour limiter vos apports caloriques. Non, c'est une attitude, une manière de voir les choses qui vous aident à dépasser les difficultés du quotidien, à aller vers la réussite, à accorder plus d'importance aux bonnes choses qu'aux mauvaises.

Votre degré d'optimisme est basé sur la perception que vous avez de vous-même : si vous pensez que vous êtes inapte au bonheur, si vous vous dépréciez, tout votre environnement, tous vos actes seront teintés du même noir. Votre vie est un peu comme un cliché photographique : vous pouvez choisir de regarder le tirage couleurs ou de ne voir que le négatif...

Petit tableau récapitulatif

Parfois, il faut un peu enfoncer les portes ouvertes, surtout si vous êtes trop déprimée pour comprendre les messages les plus élémentaires.

Il vaut mieux :	... plutôt que :
aider, encourager, féliciter...	critiquer, dévaloriser, enfoncer
rire, se réjouir...	pleurer, s'apitoyer
admirer...	jalouser
agir...	... attendre que ça passe

Quand vous aurez compris que vous avez en vous-même toutes les ressources du bonheur... vous aurez déjà meilleur moral !

Peut-on apprendre à être optimiste ?

Partons d'un principe. À force de :

- vivre des situations difficiles (tous les jours, se battre contre son méchant employeur et ses vilains clients) ;
- voir que ses efforts ne sont pas récompensés (tous les jours, voir l'aiguille de la balance pencher du mauvais côté) ;
- constater que l'on parle dans le vide (tous les jours, rabattre la lunette des toilettes après le passage de l'Homme) ;
- être entourée par la morosité (tous les jours, compter les visages fermés dans le métro)...

... on finit par s'accoutumer au gris, au triste, au pas beau.

On finit par perdre sa motivation, par renoncer à espérer, par trouver tout ça normal. Soyons logiques : si l'on s'habitue au négatif, ça doit aussi pouvoir se faire pour le positif.

La méthode en 4 étapes

1. On identifie quelles sont les pensées défaitistes qui vous entraînent vers la tristesse, voire la déprime.

2. On convient que ces idées sont basées sur des affirmations peu réalistes.

3. On remplace ces idées par des données plus conformes à la réalité.

4. On dédramatise et, au lieu de se laisser envahir, on se concentre sur la résolution finale du problème.

Exercices pratiques

Imaginons, par exemple, une situation délicate dans laquelle vous pourriez aisément vous retrouver. Vous devez faire une présentation de la stratégie de votre boîte à des clients coréens... seule, sur une estrade, face à eux, avec votre anglais du niveau *Adibou CP*. Mains moites, auréoles sous les bras et ulcère garantis.

Décryptons le processus

- Vous vous dites : « Je ne serai jamais capable de le faire. Débiter mon texte, passe encore, mais quand ils vont me poser des questions... Mon boss va se rendre compte que la mention *anglais lu et parlé* indiquée sur mon C.V. signifiait plutôt "Quand je regarde *Friends* en V.O., c'est parce que je connais déjà l'épisode par cœur". »
  Là, le diagnostic est rapide et vos pensées faciles à identifier : vous vous dépréciez, vous partez vaincue d'avance, vous manquez de confiance en vous.
- Vous pourriez en rester là et vous décomposer en attendant le fameux meeting tout en révisant frénétiquement vos verbes irréguliers. Mais c'est là qu'il faut avoir un sursaut d'orgueil, un déclic. C'est là qu'il faut se donner un coup de pied aux fesses (virtuel). Sortez de vos pensées angoissantes, revenez à la réalité : certes, vous ne lisez pas Shakespeare dans le texte, mais quand vous étiez sur la plage cet été, vous avez compris toute la conversation de ce couple au bronzage écrevisse qui s'engueulait sur la serviette voisine.
- Voyez les choses comme elles sont : ces Coréens parlent eux-mêmes anglais comme des vaches espagnoles ; vous n'avez donc pas à rougir de votre accent *frenchy*.

- **Solution au problème :** il suffit de travailler en imaginant toutes les questions qui pourraient vous être posées afin de préparer les réponses et ne pas vous retrouver muette parce qu'il vous manque un mot pour exprimer vos pensées.

Essayez d'appliquer cette méthode d'analyse à chaque situation qui vous plonge dans l'angoisse ou la déprime, face à chaque problème qui vous fait voir tout en noir. Vous vous rendrez compte qu'il suffit de peu de chose pour basculer entre la vision négative du problème et sa version positive : le plus souvent, il suffit de prendre l'opposé de ce que l'on pense (gardez en tête l'image du cliché photographique) et de choisir la version colorée de l'image.

Sur le long terme

Au premier abord, il est difficile de prendre conscience que rien n'est jamais entièrement mauvais et que c'est votre perception des choses qui engendre des pensées négatives.

En vous exerçant souvent à modifier vos pensées, en vous efforçant de voir qu'il s'agit d'une mauvaise interprétation des éléments, vous prendrez l'habitude de cette gymnastique. Vous changerez alors votre approche de la vie et, bientôt, vous n'aurez plus à vous « obliger » à voir le positif de ce qui vous arrive : il vous sautera aux yeux ! (C'est beau, cet enthousiasme !)

Désamorcez la bombe !

Vous êtes face à une situation délicate : par exemple, vous êtes victime de bruits de couloir dans votre entreprise.

Cela provoque chez vous des sentiments très désagréables : vous êtes vexée (« Comment les autres peuvent-ils imaginer que je veux séduire ce pou visqueux de directeur du personnel ? ») et angoissée (« Et si cette histoire revenait aux oreilles de "Duboss"... »).

Avant de vous faire tout un film et de vous noyer dans un flot de pensées noires, reprenez les faits et réévaluez votre jugement :

– « Sur quels indices est-ce que je fonde mes observations ? Certes, j'ai entendu Sophie et Catherine arrêter leur bavardage quand je suis rentrée dans le bureau. Mais peut-être étaient-elles en train de discuter d'un cadeau-surprise pour mon anniversaire ? »

– « Peut-être ai-je mal interprété les faits ? »

– « Attendons d'avoir des preuves concrètes avant de partir dans des suppositions qui ne reposent sur rien. »

Notre tendance à « fabuler », à ruminer ou à nous torturer l'esprit avec des riens est tout à fait néfaste : avant que votre imagination ne se lance dans son exercice favori (s'emballer à partir d'un tout petit indice), ne lui laissez pas le temps de commencer son travail de sape. Obligez-vous à regarder les choses en face, à ne vous baser que sur les faits réels : vous aurez bien le temps de vous inquiéter si les choses se passent effectivement mal.

Testez votre compétence à l'optimisme

- Vous venez de présenter un projet et votre boss énumère tous les points que vous devez modifier. Vous pensez :

1. « Il estime que je n'ai pas les compétences pour ce job : je vais me faire virer. »

2. « La critique est bonne ; c'est vrai que ces données sont à réviser : en bossant encore, je vais améliorer le dossier. »

- Voilà une demi-heure que vous attendez Jean-Michel devant le cinéma. Vous pensez :

1. « On va encore rater le début... et comme c'est un film à suspens, je ne vais rien comprendre à l'histoire ! »
2. « Quand il va arriver, la séance va débuter : on évite toute la pub et la tentation du pop-corn ! »

- Le voyant du niveau d'essence vient de s'allumer et vous êtes en rase campagne... Vous pensez :

1. « Ah ben, c'est la meilleure ! Je vais rester plantée là, au milieu des champs. Je vais sûrement me faire violer par un rôdeur ou assassiner par un *serial killer* (s'il y en a un dans le coin, il est pour moi !). Manquerait plus que mon portable n'ait plus de batterie... »
2. « Il doit me rester quelques litres de carburant, juste assez pour me rendre à la station-service la plus proche. »

- La machine à laver vient de rendre l'âme : le dépanneur a dit qu'il passerait entre 13 et 18 h... Vous pensez :

1. « Voilà tout un après-midi perdu : avec ma chance habituelle, il va sonner à 17 h 59. »
2. « Génial ! un après-midi de repos forcé : je vais pouvoir faire une sieste / lancer la cuisson d'une daube / ranger le courrier en retard... »

Vous avez plutôt choisi des réponses 1

On ne peut pas dire que vous soyez l'optimisme incarné... Quelle tristesse de voir tout en noir ! Avez-vous conscience que votre pessimisme est sûrement un vrai calvaire pour ceux qui vivent autour de vous ? Essayez la technique du contre-pied : « J'ai une pensée négative ? Hop ! je pense l'inverse et je me convaincs que c'est la vérité. » Avec un peu d'entraînement, vous y parviendrez sans effort.

Vous avez plutôt choisi des réponses 2

Avec vous, la vie doit être facile ! Voir tout en rose de la sorte doit être bien agréable... pas d'angoisses infondées, pas de stress inutile... Quel repos ! Pourtant (il faut bien noircir un peu le tableau : trop de rose, c'est gnangnan), essayez de ne pas tomber dans l'optimisme béat : même si vous évitez le pop-corn, ce n'est pas une raison pour ne pas engueuler Jean-Michel pour son retard...

Tenez un mémo de positive attitude

Vous connaissez la technique des nutritionnistes qui vous demandent de noter tout ce que vous mangez sur un carnet pour évaluer votre alimentation ? Écrire noir sur blanc permet de « poser » les choses, de prendre conscience des faits. Sur le même modèle, vous pouvez tenir vous-même un « cahier d'optimisme » afin d'évaluer votre « positive attitude ».

Pour une situation donnée, écrivez, par exemple :

– Les faits : ...

– « Ce que je me suis dit » : ...

– Affirmation positive (le contre-pied de ce que vous avez pensé au premier abord) : ...

– Plan d'action : ...

Comment se préparer au succès ?

Pensez-vous qu'un coureur, les pieds dans les starting-blocks, tous les muscles en tension, prêt à bondir, se dise : « Je suis sûr que mon voisin de ligne est plus rapide que moi ! », qu'un marathonien pense : « Dans 5 min, je m'écroule », qu'un navigateur en solitaire affirme : « À coup sûr, je vais me perdre dans le triangle des Bermudes », qu'un alpiniste imagine : « Pfff, il est trop haut, ce sommet : j'en vois pas le bout !!! » ? Non. Ils ont tous la niaque, la rage, l'envie. Ils ont un mental fort (c'est écrit dans *L'Équipe*). Ils croient tous en leurs compétences, ils ont confiance en leurs ressources. Ils visualisent leur victoire, ils savourent à l'avance le bonheur de la réussite. Et c'est ça qui les fait avancer.
Pourquoi ne pas faire comme eux et utiliser les recettes du succès ? (Face à sa montagne de courrier, se prendre pour un grimpeur, c'est une belle image, non ?)

Comme les grands sportifs, vous allez vous livrer à un véritable entraînement, vous allez vous préparer à réussir tout ce que vous entreprenez. Et comme, dans votre cas, tout se passe dans la tête (enfin, vous pouvez toujours faire une série d'abdos, ça ne fait de mal à personne), vous allez commencer par vous poser les bonnes questions :

« Quel est mon projet ? »

Décrivez quel est le but à atteindre et quelle est votre motivation pour y parvenir.

Exemple : « Je prépare mon mariage. Je veux faire une fête magnifique et être la plus belle mariée que l'histoire ait jamais connue. Je suis prête à faire des efforts surhumains pour parvenir à mes fins : il faut que cette journée soit la plus belle de ma vie (juste devant la fois où j'ai obtenu une invitation aux soldes privés de Sonia Rykiel). »

« C'est pour quand ? »

Fixez-vous une limite dans le temps. C'est bien beau de dire : « Je vais perdre 3 kg », mais si on parle de l'horizon 2020, on va encore en passer des étés à pleurer sur les plages. Soyez réaliste, ne définissez pas de délai intenable (« J'obtiens une augmentation la semaine prochaine / je convaincs Jean-Michel de me faire des triplés ce week-end »), mais prenez quand même rendez-vous avec votre avenir. S'il le faut, sortez vos plannings et notez la date sur votre agenda.
Exemple : « Dans 1 mois, j'aurai fait le tour de toutes les boutiques de robes de mariée de la ville. Mercredi, je vais chez Lacroix et, samedi, chez Tati. »

« J'ai besoin de quoi pour y arriver ? »

Lancer des idées en l'air, c'est facile. Mais se donner les moyens de réaliser ses ambitions, se mettre à parler concrètement, c'est plus efficace. Pour arriver à vos fins, il ne va pas suffire d'imaginer des solutions, il faut savoir où l'on va :

- Dressez l'inventaire des moyens à mettre en œuvre pour avancer.
- Définissez des étapes et suivez votre progression.

Exemple : « Le mois prochain, je veux avoir toutes les réponses aux invitations lancées. »
Étape 1 : « Dans 15 jours, je relance les retardataires par mail ou par téléphone. »
Étape 2 : « À la fin du mois, je donne le nombre définitif des invités au traiteur. »

« Quels sont les obstacles sur ma route ? »

Se préparer aux difficultés, c'est un excellent moyen d'anticiper et de ne pas s'effondrer si jamais vos plans venaient à tourner court. Avoir de quoi faire un gratin dans son frigo vous permet de ne pas pleurer comme une madeleine si votre soufflé s'écroule. Savoir à l'avance que l'ex de votre fiancé sera présente à la fête de samedi vous permet de ne pas lui faire une scène de jalousie en public (vous la faites chez vous... avant).
Exemple : « Je sais que mes parents, divorcés, vont se regarder en chiens de faïence pendant le dîner de mon mariage. Pour ne pas gâcher l'ambiance et me faire douter de ma décision de m'unir "pour le meilleur et pour le pire" avec Jean-Michel, j'anticipe et je propose deux solutions à ma mère : ou bien elle accepte de jouer la comédie et d'oublier ses éternels reproches à mon père en-ce-plus-beau-jour-de-ma-vie, ou bien j'organise un plan de table qui disperse ces deux mécréants aux extrémités opposées de la salle des fêtes... Je dois obtenir sa réponse d'ici 1 semaine. »

« Qu'est-ce qui va m'arriver quand j'aurai atteint mon but ? »

Rien de plus motivant que d'imaginer le goût du champagne qui va couler à flots quand vous aurez remporté la victoire (sauf s'il s'agit de votre lutte contre la dépendance à l'alcool !). Visualiser l'aboutissement de votre projet, sa réussite, c'est se donner un avant goût du succès ; or, quand on y a croqué, on ne demande qu'une chose : c'est d'avoir une part supplémentaire.

Exemple : « Je m'imagine sublime, dans ma robe meringuée, tout le monde se pâmant devant ma ligne de sylphide et mon teint parfait, mon tout-juste-mari la bouche grande ouverte et ma nouvelle belle-sœur déjà jalouse à mort de ma beauté fatale. Du coup, je ne reprends pas pour la troisième fois de la mousse au chocolat et je grimpe les escaliers à pied. »

Comment surmonter ses échecs pour avancer ?

Vous avez entrepris de vous arrêter de fumer. Ou de ne plus vous ronger les ongles. Ou de faire tomber Antoine dans vos filets. Enfin, vous vous êtes lancée dans un projet qui vous tient à cœur et dont le succès n'est pas garanti d'avance (quasi insurmontable de ne pas en griller une en soirée ; très difficile de ne rien avoir à se mettre sous la dent quand le « stresso-mètre » est au maximum ; presque impossible de se faire remarquer par ce Brad Pitt *bis*).

Vous savez que l'échec vous attend au coin de la rue. D'ailleurs, il est presque inévitable : vous ne faites aucun effet à votre apollon de supermarché ; du coup, vous fouillez dans la poubelle pour rallumer le mégot qu'un copain a laissé là et vous rognez consciencieusement vos doigts tout boudinés (fallait pas mener trois projets de front !).

Puisqu'il est impensable de tout réussir du premier coup (même les génies n'ont pas de baguette magique), il va bien falloir apprendre à gérer les échecs au risque de :
- vous effondrer à chaque « raté » et d'être obligée de vous reconstruire tout le temps (totalement épuisant) ;
- tourner en rond et ne jamais évoluer (absolument déprimant) ;
- avoir des regrets (complètement suicidaire).

Méthode

Croire en son potentiel « réussite »

À moins de se prendre pour une fée (ce qui n'est plus autorisé passé 4 ans), il n'est pas pensable de croire que tout peut vous arriver sans efforts, que tout doit marcher parce-que-vous-en-avez-décidé-ainsi ou encore que vous devez être épargnée de la déception parce-que-votre-papa-vous-a-promis-qu'il-vous-protégerait-toujours. Non. Même « au pays de Candy, comme dans tous les pays, on s'amuse, on pleure, on rit, il y a des méchants et des gentils ».
Donc, admettre que la vie est semée d'embûches et que l'on n'obtient pas tout ce qu'on veut en claquant des doigts, c'est juste faire preuve de réalisme. C'est juste être RA-TION-NEL-LE.
Comment faire pour passer par-dessus ces obstacles ?

Se répéter en boucle : « C'est pas grave, c'est pas grave... » ne vous consolera pas. La seule chose à faire est de vous convaincre que vous avez en vous les ressources pour surmonter les épreuves, que vous êtes suffisamment forte pour ne pas vous laisser abattre.

Exemple : « J'ai encore raté ma blanquette de veau. C'est pas comme ça que je vais convaincre Antoine/Brad que je suis une femme qu'on épouse. Je suis pourtant sûre que je peux y arriver (une blanquette, c'est quand même pas un gigot de sanglier sauce grand veneur). »

Se persuader que le prochain essai sera le bon

Éliminez carrément la pensée qu'un nouvel échec pourrait arriver : le succès vous attend, c'est sûr (ce qu'il faut, c'est ne pas attendre trop longtemps, c'est tout). En éliminant les pensées parasites, les ruminements d'idées noires, on évite de se déconcentrer de l'objectif final, on ne se disperse pas en énergies négatives et, de ce fait, on accroît ses chances de réussite.

Remarque : en cas de nouvel échec, la chute risque d'être plus dure ; c'est à ce moment-là qu'il faut trouver en soi des ressources d'optimisme encore plus grandes.

Exemple : « Au prochain essai, je vais me régaler. »

Ne pas se remettre en question

Vous n'êtes pas arrivée à vos fins ? Vous n'êtes pas à mettre tout entière dans la poubelle. Un échec ne remet pas en cause toute votre personnalité, tout votre être : en gros, on oublie l'autoflagellation (à moins de s'adonner à certaines pratiques dont nous ne parlerons pas ici). Ça fait mal et ça fait perdre du temps.

Mettez plutôt à profit vos réflexions pour identifier les causes réelles de votre échec (sans doute avez-vous fait des erreurs, mais il y a sûrement d'autres facteurs qui ont empêché votre réussite). Gardez votre énergie pour vous remettre à penser aux solutions que vous allez trouver afin de résoudre votre problème.
Exemple : « Mais oui, j'ai bien suivi les instructions de la recette à la lettre... c'est sûrement le boucher qui m'a refilé un mauvais morceau de viande (ce n'était pas un gentil veau tout tendre, mais un vilain tout dur). »

Apprenez l'obstination

Être têtue n'est pas une qualité. Être tenace en est une ! Ne pas lâcher l'affaire, remettre 100 fois l'ouvrage sur le métier... sont autant de pistes pour arriver à vos fins.
Exemple : « C'est pas qu'on ait envie de manger de la blanquette tous les jours, mais je vais en refaire pour la troisième fois cette semaine ! »

Ne refaites pas les mêmes erreurs

Apprenez à tirer les enseignements de vos expériences : quand vous aurez compris qu'Antoine/Brad déteste l'idée de s'engager, de s'emprisonner, vous ne remettrez plus la question « Mamour, quand est-ce qu'on vit ensemble ? » au programme. Ou tout du moins, vous l'aborderez avec plus de finesse, plus de filouterie : « Pourquoi tu ne laisserais pas quelques affaires chez moi ? Ce serait plus facile que de transporter tout le temps ta trousse de toilette. »
Faire une erreur n'est pas un drame. Ne pas l'analyser pour en déterminer les causes et modifier son comportement à venir est plus grave...

Exemple : « J'ai cru bien faire en doublant la dose de farine dans ma sauce ; du coup, je me suis retrouvée avec un lest sur l'estomac pendant toute la nuit. La prochaine fois, je suivrai les indications précisément, et si je tente une adaptation personnelle, ce sera avec prudence. »

Comment modifier son petit film intérieur (et se faire son petit *happy end* très sympa) ?

Vos pensées prennent souvent la forme d'un vrai cinéma intérieur : quand vous réfléchissez à une situation, vous « imaginez », vous visualisez ce qui peut arriver sous la forme d'un film avec son et lumière (quand vous rêvez éveillée, c'est un *blockbuster* qui passe ; quand vous déprimez à mort, c'est un mauvais thriller).

Les « images mentales » ont un grand rôle pour chacun de nous :

- elles participent, par exemple, au processus de la mémorisation (pour retenir une leçon sur la guerre de Sécession, vous imaginiez Scarlett et Rhett Butler) ;
- elles nous permettent également de découvrir et de mieux gérer nos propres ressources.

Cette « imagination » peut vous jouer des tours : quand vous attendez un événement heureux (par exemple, revoir votre fiancé après 3 jours de séparation), vous vivez dans l'anticipation du bonheur que vous allez éprouver, vous ressentez à l'avance la joie des retrouvailles ; en revanche, quand vous vous préparez à vivre un moment difficile (un entretien d'embauche, un examen médical, etc.), vous ne pouvez vous empêcher de prévoir le pire (rester au chômage, avoir une maladie grave, etc.).

Or, le plus souvent, vous vous torturez l'esprit à propos d'événements qui n'auront peut-être jamais lieu. Le pouvoir négatif de votre imagination n'est donc pas à démontrer... Inversez la vapeur ! Faites de votre pouvoir de visualisation un outil du bonheur ! Bien utilisé, bien orienté, il peut être un moyen efficace de changer vos états d'âme, de doper votre moral.

Exercices pratiques

1. Ridiculisez quelqu'un qui vous fait peur

Quand vous étiez petite, on vous a certainement déjà donné ce conseil : « Imagine le prof qui te fait peur aux toilettes ou tout nu » pour dédramatiser l'interrogation orale... Continuez d'appliquer cette technique efficace. Même si vous êtes sans doute sortie de la période « pipi-caca », ces astuces fonctionnent toujours très bien. En imaginant une personne dans une situation grotesque, vous lui faites perdre son pouvoir négatif, vous la ramenez à votre niveau (vous êtes également ridicule en vous angoissant autant face à elle).

2. Changez le décor

Au cours d'un déplacement professionnel, vous vous retrouvez dans une chambre d'hôtel miteuse... coup de cafard assuré. Imaginez que vous êtes au *Carlton* ou au *Ritz*... la baignoire fendue ne va pas se changer en marbre comme par enchantement, mais vous vous mettrez dans un état d'esprit plus favorable.

Donnez-vous le meilleur rôle : fabriquez votre propre film et taillez-vous un scénario sur mesure. Pour anticiper une situation qui vous stresse, vivez-la en imaginant le déroulement qui vous conviendrait le mieux (au moment où je termine l'exposé de mon brief devant les clients coréens, tout le monde se lève et m'applaudit ; il y a même un homme qui me tend sa carte et qui me propose un job de rêve 10 fois mieux payé que le mien – et en plus, il ressemble à George Clooney).

Ça fait du bien de le savoir !

Si les choses ne vont pas changer parce que vous les avez imaginées autrement, se « faire un film » aura au moins le mérite d'occuper votre esprit de manière contrôlée et de faire passer le temps au lieu de vous laisser envahir par l'angoisse ou les pensées négatives. C'est déjà ça de gagné !

Comment adopter un langage positif ?

Avouez-le, quand Jean-Michel vous dit à propos de votre nouvelle coiffure : « Ah, c'est nouveau ? Ouais, ouais, c'est bien », vous aimeriez lui crever les yeux aux ciseaux à ongles (ou lui arracher les poils du dos à la pince à épiler). Un peu plus d'enthousiasme ou une formule plus rassurante auraient été les bienvenues (même si – c'est vrai – il est difficile de s'extasier devant la couleur « queue de vache » qu'a pris votre tignasse). Comme quoi, le langage peut beaucoup influencer votre comportement...

Astuces pour que (presque) tout ce qui sorte de votre bouche soit enthousiasmant

Prenons un petit exemple. Comparez les deux phrases suivantes tirées de vos pensées pendant les dernières vacances chez votre tante Janine :

1. « Aujourd'hui, on s'ennuie ferme. Il n'y a rien à faire dans ce trou perdu, pas un ciné, pas une boutique, pas un café sympa... et en plus, il fait froid. 15 °C : c'est pas une température d'août, ça ! »

2. « Aujourd'hui, les activités ne se bousculent pas, mais c'est difficile de s'amuser quand on est isolés. Il ne fait pas très chaud, mais avec une petite laine, ça va. »

Le sens des deux phrases est proche, mais la seconde utilise des termes plus positifs (*amuser* plutôt qu'*ennuyer*, *pas chaud* plutôt que *froid*) et le ton que l'on emploie est forcément plus gai.

Essayez de bannir vos mauvaises habitudes pour transformer votre discours

Ne pas dire :	Dire plutôt :
Pas mauvais, ton clafoutis !	Il est bon, ton clafoutis !
Si seulement je pouvais...	Je vais...
Tu as une sale tête !	Tu n'as pas très bonne mine.
Je ne vais pas arriver à faire...	Je vais faire de mon mieux pour...
Il faut que j'aille à la piscine.	Je souhaite aller à la piscine.
Mon cursus me pousse à m'adresser à vous.	J'ai choisi de m'adresser à vous comme une suite logique à mon cursus.

Comment « optimiser » vos relations aux autres ?

C'est bien beau de vouloir améliorer son petit bonheur perso en recadrant ses pensées, en modifiant sa vision des événements, en « positivant » son langage et ses idées... mais il paraît impossible de séparer son bien-être intérieur de son bien-être avec les autres, de ses relations avec son entourage (si vous vous engueulez tout le temps avec votre mère, difficile de se détendre pendant le déjeuner familial du dimanche...).

Vous vous doutez bien qu'en étant égoïste, centrée sur vous-même et triste à mourir, vous ne pourrez vous faire aimer (même si vous avez un corps de rêve et que vous préparez des crumbles à se damner). N'oubliez pas : c'est en donnant que l'on peut recevoir (ah ! c'est beau, tant de générosité... on aurait presque la larme à l'œil).

Petits rappels des règles de base pour être une super-chic-fille-qui-illumine-les-autres-de-sa-joie

Occupez-vous des autres

- **Être attentive aux autres,** les écouter vraiment et pas seulement en faisant : « Hon hon » quand, par exemple, votre amie Sophie vous raconte sa énième rupture avec Jérôme. Prendre le temps de rendre un service... voilà de quoi se faire aimer. Attention ! ne tombez pas dans le piège de la bonne poire qui se sacrifie pour son prochain. En revanche, au moment où vous vous investissez pour les autres, faites-le vraiment, avec sincérité.

- **Connaître avant de juger.** Prenez conscience du fait que vos jugements se font sur des bases fragiles. Quand vous rencontrez quelqu'un (un fiancé potentiel) qui vous est d'emblée sympathique, vous lui attribuez tout de suite des qualités positives ou vous envisagez la possibilité de vous revoir. De même, si la personne vous déplaît au premier abord, vous lui plaquez tout de suite une mauvaise image... Essayez d'avoir une mentalité moins critique et laissez-vous le temps de connaître un peu mieux les gens avant de les faire entrer, ou non, dans la catégorie « J'aime » ou « J'aime pas ». Vous aurez la possibilité de mieux cerner leur vrai caractère.
- **Pratiquez l'empathie,** cette faculté de se mettre à la place des autres pour mieux les comprendre. Cette manière de partager les moments qu'ils traversent est une grande qualité, qui facilite les relations aux autres et qui peut, en retour, changer votre regard sur ce qui vous arrive.
- **Chouchoutez vos amis :** invitez-les à dîner ou à passer prendre l'apéritif. Cela vous donnera plus de travail que d'aller au restaurant, mais vous y trouverez une convivialité et une chaleur qui feront du bien à tous.
- **Entretenez la confiance et le respect :** ne répétez pas de secret qui vous serait confié, ne faites pas de coup bas...

Parlez « positif »

Dire à Catherine que cette robe rayée est ravissante alors qu'elle ressemble à Maya l'Abeille n'est pas un geste amical : vous croyez lui faire plaisir avec un compliment, mais en réalité vous l'exposez au ridicule. De même, quand elle vous demande votre avis sur son nouveau fiancé et que vous n'osez pas lui dire ce que vous pensez vraiment (il se comporte comme un porc doublé d'un grand macho) : vous croyez lui vouloir du bien, mais en fait vous ne la mettez pas en garde contre un avenir dont vous connaissez l'issue fatale (dans quelques mois, quand ils auront rompu, elle vous reprochera de ne pas l'avoir prévenue).

Ce qui compte, ce n'est pas de dire à l'autre ce qu'il espère entendre... mais exprimer vos pensées, avec sincérité. On n'appréciera que mieux votre franchise (et sur le long terme, c'est plus payant que l'hypocrisie).

N'hésitez pas à...

... exprimer votre admiration quand un proche fait quelque chose qui vous impressionne (sans tomber dans le lèche-bottes non plus) : en envoyant des messages positifs aux autres, on les met en confiance et ils expriment leurs sentiments en retour (l'effet « boomerang », c'est tout bon pour vous).

... faire des critiques constructives, que vous pouvez justifier, et surtout accompagnez-les de suggestions (dire seulement : « Ton chéri est un gros naze » n'est pas très utile, mais proposer : « Au lieu de ce gars qui te fait souffrir, tu devrais voir Paulo qui est vraiment sympa » est nettement plus instructif).

... donner des conseils, mais seulement quand on vous le demande (limite, quand on insiste).

... être agréable malgré tout. On peut dire la vérité vraie tout en choisissant ses mots ; par exemple, dire : « Je me demande si vos caractères sont compatibles » au lieu de : « Ce pauvre garçon se prend pour le sosie de Banderas ; tu vas morfler, ma biche. » Ou encore : « Je préférais tes cheveux plus foncés » plutôt que : « Blonde comme ça, tu es limite pouffe ! » Vous voyez ?

Dites aux autres que vous les aimez

- **L'amitié est une relation qui se cultive.** Ne considérez pas votre attachement aux autres comme acquis.
- **N'oubliez pas les fêtes, les anniversaires...** Ce sont des attentions qui vous touchent vous-même quand on vous les témoigne.
- **Cassez-vous un peu la tête pour faire des cadeaux empreints de tendresse :** oubliez les objets impersonnels (bons d'achat, CD ou livre attrapé vite fait sur une tête de gondole...), mais cherchez quelque chose qui fera mouche (faites imprimer un message d'amour sur un tee-shirt, dénichez la perle rare pour sa collection de grenouilles, organisez une fête-surprise... autant de preuves de l'attention que vous portez à l'autre).
- **Gardez le contact.** Même si vos agendas ont du mal à s'accorder, trouvez le temps pour envoyer un message, passer un coup de fil... Programmez des activités où vous vous retrouvez entre amies, du genre « dîners-sans-les-garçons » pour pouvoir savourer des moments d'intimité et de complicité.

Positivez votre relation amoureuse

La moue boudeuse, c'est bon pour Emmanuelle Béart. Sur vous, ça donne tout de suite un air « Je viens d'enterrer mon yorkshire ».

L'œil humide, le visage fermé, les bras croisés... sont autant de signes qui refroidiraient même Aldo Maccione. Que cela soit pour l'étape « séduction » ou pour le marathon « Mon couple tient la route », rien de tel qu'une attitude positive pour susciter l'amour.

Phase 1 : « Je rencontre l'Homme »

- La confiance en soi est une arme de séduction redoutable : en ayant de vous une image très positive, en étant convaincue que vous êtes attirante, sensuelle, vous donnerez l'envie de vous connaître. Attention ! n'allez pas vous la jouer super-bêcheuse-qui-fait-ce-qu'elle-veut-avec-ses-cheveux ! Être sûre de soi, ce n'est pas être hautaine ou supérieure, c'est dégager un sentiment de sérénité dont les autres auront envie de profiter.
- Penser que l'on mérite l'amour, c'est déjà faire une grande partie du chemin.
- Acceptez les compliments et les remarques agréables sans faire votre mijaurée ou en ne les prenant pas au sérieux : ce n'est pas tous les jours qu'on s'entend dire des choses gentilles (c'est pas le genre de votre patron) ; profitez-en, même si vous vous doutez que le monsieur a une idée derrière la tête.
- Si vous rencontrez quelqu'un qui vous plaît, adoptez une attitude significative : pas besoin de faire tout de suite la bouche en cœur et de parler « mariage » au bout d'un quart d'heure, mais montrez votre intérêt, posez des questions, écoutez attentivement les réponses.

Remarque : on ne vous dit pas non plus de la jouer super *open* avec le premier venu... tout ce qui entre dans la catégorie « Gros lourd » ou « Je te vois venir avec tes gros sabots » ne mérite pas que vous vous montriez comme une fille enthousiaste et aimable.

- Même si vous sortez d'une histoire pourrie, pas la peine d'être pessimiste sur les chances d'un nouvel-amour-qui-ne-demande-qu'à-éclore. En vous appuyant sur le schéma de votre relation passée, en étant sur vos gardes, en cherchant la petite bête... vous allez établir de mauvaises bases pour votre histoire naissante. Apprenez à tourner la page (sans oublier de tirer les leçons de vos expériences, cela va de soi...).

Phase 2 : « Je reste "chabadabada" même après 10 ans de vie commune »

Après les émois de la rencontre, toutes les « premières fois » si chavirantes, les émerveillements de la découverte, les promesses pour l'éternité... – on le sait toutes – le soufflé retombe. On ne peut pas lutter, c'est chimique.

Ça fait du bien de le savoir !

Il a été prouvé que la rencontre amoureuse et les premiers temps de la passion induisent des réactions chimiques dans le cerveau : certaines hormones et autres substances vous plongent dans un état euphorique qui vous fait voir la vie en rose et ignorer tous les petits défauts de l'autre. Puis la production diminue et vous retrouvez toute votre lucidité (finalement, son humour est plutôt lourd et sa manie de faire des boulettes avec la mie de pain insupportable). Pas de panique : c'est à ce moment-là qu'il faut faire preuve de ses grandes capacités d'optimisme et de positive attitude.

Une histoire d'amour qui dure demande de l'énergie. C'est un feu à entretenir et vous devez souffler sans cesse sur les braises pour ne pas vous retrouver dans l'ambiance « cendrier froid ». Voilà encore une chose qui va vous demander des efforts... Pour vous aider :

- Attachez-vous à regarder les qualités de votre partenaire, à estimer les retombées qu'elles ont sur vous, à penser du bien de l'autre. Même si, souvent, ses ÉNORMES défauts vous aveuglent (comme quoi, on a souvent des problèmes ophtalmiques avec l'amour : au début on ne voit rien, ensuite on voit trop bien), tâchez d'accorder de l'importance aux côtés positifs de votre relation. Ne vous laissez pas entraîner vers l'amertume en n'ayant sur lui qu'un regard critique, en le dépréciant : vous finiriez par le détester. Si vous ne lui trouvez plus rien de bien, à quoi bon rester ensemble ?

- Au début de votre histoire, vous jugiez que l'union de vos différences était vraiment une belle chose. Aujourd'hui, sortie de l'amour-fusion, vous voyez bien que vos personnalités sont diamétralement opposées et que vous ne regardez plus vraiment dans la même direction (lui, il regarde surtout les blondes à forte poitrine). Pour ne pas laisser la situation se dégrader et pour tirer des enseignements positifs de cette « distance », efforcez-vous de comprendre pourquoi il pense ou agit ainsi, tâchez d'analyser son point de vue, même si vous n'êtes pas obligée d'être d'accord avec lui. En se sentant écouté, considéré et compris, votre partenaire s'investira plus dans votre relation.
- La vie amoureuse est un échange, un partage (sortez les violons). Accorder plus d'importance à vos désirs qu'à vos besoins est un bon moyen de redonner un souffle à votre relation : si vous vous focalisez sur ce qui vous manque, vous aurez sûrement des reproches à lui faire... Si vous vous concentrez sur ce qui vous fait envie, vous serez poussée par l'enthousiasme (nettement plus agréable).

Exemple : Dire : « Tu ne m'emmènes jamais en week-end » est plombant. Dire : « J'aimerais tellement que tu m'emmènes à Honfleur » est beaucoup plus stimulant. *Capito ?*

- Pour sortir du quotidien qui use forcément, repensez aux choses que vous faisiez au début de votre relation : aller au cinéma, dîner en amoureux au restaurant, partir en week-end improvisé... Même si la vie et ses contraintes vous empêchent de tenir ce rythme éternellement, ne perdez pas totalement ces habitudes et renouez avec les émotions de vos débuts. Obligez-vous à programmer des activités « comme avant » : vous serez récompensée de vos efforts.

- Dire : « Je t'aime » toutes les 5 min finit par ne plus avoir de valeur : au bout de 10 ans de vie commune, l'expression est aussi banale que « Salut-ça-va ? ». Multipliez plutôt les déclarations par des gestes, des attentions : l'accueillir avec le sourire, lui acheter un éclair au café en prenant le pain, ne pas le contredire devant les autres, mais en privé, être sa meilleure « fan », etc.

Pratiquez l'optimisme en famille (c'est une activité récréative comme une autre)

Par nature, les enfants sont plutôt du genre à :

- se réjouir de tout (faire des bonds de cabri en recevant un jouet Kinder) ;
- envisager l'avenir avec enthousiasme (« Quand je serai pilote de fusée, je t'emmènerai voir d'autres planètes ») ;
- ne pas douter d'eux-mêmes (« Je suis la plus jolie princesse de la cour de récré avec ma jupe qui tourne »).

Bien entendu, il existe des tempéraments plus ou moins expansifs, timides, mélancoliques ou sociables, ces traits de caractère étant influencés par l'éducation, l'environnement familial, la scolarité. Mais si une partie du caractère est « génétiquement » défini, la manière d'appréhender la vie, de se comporter face aux événements, de les dramatiser ou pas, est enseignée par les parents. En adoptant une attitude positive, non seulement vous vous faites du bien, mais en plus vous montrez la voie du bonheur à vos enfants (niveau de satisfaction maternelle optimal).

Comment les notions de succès et d'échec viennent aux enfants ?

Entre 0 et 2 ans, les bébés n'ont aucune notion de ce que peut être réussir ou rater quelque chose. Leur seul centre d'intérêt, ce qui les fait avancer, après la satisfaction de leurs besoins vitaux, c'est de découvrir ce qui les entoure, de faire de nouvelles expériences et d'apprendre.

À partir de 2 ans, les petits prennent conscience du jugement que portent leurs parents sur leurs gestes : ils discernent les moments où maman est contente (grands sourires et bisous dans le cou) des moments où elle est très fâchée (gros yeux et « panpan-cucul »).

Vers 3 ans, les enfants commencent à être capables d'apprécier eux-mêmes leurs actions, sans avoir besoin du regard des parents pour savoir si ce qu'ils ont fait est bien ou mal (enfin, tout est relatif... ils se doutent bien que crayonner sur les murs n'est pas une bonne chose – ce n'est pas pour ça qu'ils se retiennent de le faire).

Progressivement, jusqu'à 9/10 ans, les notions de bien et de mal (et par là d'optimisme ou de pessimisme) se développent pour dessiner clairement le caractère qui sera le leur pour le restant de leurs jours.

Aider ses enfants à être positifs

Puisque l'image que l'on a de soi est fondamentale dans l'image que l'on se fait de la vie, il est indispensable d'aider les enfants à gagner de la confiance en eux, à croire en leurs capacités et à aller de l'avant. Cela commence très tôt...

- **En encourageant le tout-petit à découvrir le monde** qui l'entoure sans répéter non-stop : « Attention ! ne touche pas à ça !! tu vas te faire mal !!! » Mieux vaut, par exemple, retirer de sa portée tous les objets susceptibles de le blesser plutôt que de lui interdire de les toucher.
- **En lui donnant envie d'avancer...** lors de l'apprentissage de la marche, applaudissez ses exploits, tendez-lui les mains mais, dès que possible, lâchez-le, ne dramatisez pas les chutes, ne vous faites pas plaisir en continuant à le porter comme un bébé.
- **En félicitant ses efforts :** mettre l'accent sur le travail qui a été accompli pour obtenir un résultat (« Tu as réussi à terminer ce puzzle, tu t'es bien concentré, bravo ! »).
- **En lui apprenant à visualiser les situations qui lui font peur** (changer d'école) et en identifiant ce qu'il faut faire pour que les choses se passent bien.
- **En lui racontant votre propre histoire** et comment vous avez fait pour dépasser les difficultés.
- **En encourageant son autonomie** afin de développer sa maîtrise de lui-même : il peut choisir ses vêtements, les jeux, les activités qu'il veut avoir, la méthode qu'il préfère pour réaliser quelque chose.
- **En lui demandant d'exprimer son opinion** pour aiguiser son jugement (« Pourquoi trouves-tu que ton dessin est beau ? »).
- **En réprimandant ses mauvais gestes, mais pas toute sa personnalité :** « Se battre avec un autre enfant n'est pas acceptable » plutôt que « Tu es méchant » ou « Tu n'es pas belle quand tu pleures ».
- **En l'assurant de votre amour, quoi qu'il arrive :** en aucun cas il ne doit chercher à le « gagner » par ses actes.

10 façons d'être *youkaaïdi-youkaaïda* tout le temps

1. Réactivez les souvenirs

Lorsque vous êtes assaillie par le *bad mood*, repensez à des succès que vous avez connus : visualisez l'image de votre montée sur l'estrade sous les applaudissements quand vous avez gagné le concours de Miss Plage des Flots-Bleus en 1995, revivez les émotions que vous avez connues au moment de la remise de votre diplôme ou votre euphorie intérieure quand Jean-Michel vous a invitée à passer votre premier week-end en Normandie.

2. Changez d'angle de vue

Admettez une fois pour toutes qu'on ne peut pas changer la réalité, les événements, les choses qui vous arrivent mais qu'en revanche on peut changer sa manière de les appréhender, de les interpréter, de les vivre.

3. Voyez large

Ne vous focalisez pas sur les détails : quand vous analysez une situation, pensez au contexte général, ne vous concentrez pas seulement sur le petit point noir qui vous gâche la vie. Le fait de considérer un problème dans son ensemble devrait vous permettre de voir que TOUT n'est pas dramatique, que LE MONDE ENTIER n'est pas perdu parce que vous avez filé votre collant (même si c'est pour votre premier dîner avec Jean-Michel).

4. Arrêtez de généraliser

Même quand vous êtes dans une situation difficile, ne vous obstinez pas à penser que tout votre avenir est fichu, que vous allez souffrir toute votre vie, que c'est le début de la fin... Les pensées négatives sont comme une goutte d'huile dans l'eau :

elles s'étalent. Ce n'est pas parce qu'un élément de votre vie ne tourne pas rond que l'ensemble de votre existence est gâché (même si vous ne retrouverez jamais un homme aussi « craquounet » que Jean-Michel).

5. Arrondissez les angles

Vous connaissez les nuances ? Eh bien, arrêtez de penser sur le mode « tout noir ou tout blanc ». Les avis aussi tranchés sont trop définitifs et ne laissent pas la place à la tolérance ; or, pour accepter ses échecs et se dépasser, il faut bien avoir un peu d'indulgence avec soi-même.

6. Prenez la caméra

Prenez-vous pour un réalisateur et décrochez un Oscar ! Dans le film imaginaire de vos pensées, faites des zooms sur les images positives et floutez les négatives, ajoutez de la couleur dans les situations ternes, donnez du mouvement aux images pour vous dynamiser ou, au contraire, faites un ralenti pour vous calmer.

7. Trouvez des solutions plutôt que des explications

Arrêtez de perdre du temps à chercher des excuses et à trouver les causes d'un échec. Gardez plutôt votre énergie pour trouver des solutions si la situation devait se reproduire.

8. Coupez court

Les idées négatives doivent être tuées dans l'œuf pour ne pas leur laisser le temps de s'imprégner dans votre esprit : dès qu'un nuage traverse vos pensées, chassez-le vite fait bien fait, de peur qu'il en ramène d'autres.

9. Engueulez-vous bien !

Dans les couples, les discordances sont inévitables... S'il est difficile de voir le bon côté dans une dispute, essayez au moins de ne pas noircir le tableau. Maîtrisez-vous pour ne pas aller trop loin, tentez de garder votre calme et ne faites pas « monter la mayonnaise ». Tentez de négocier plutôt que de camper sur vos positions : souvent, se mettre à la place de l'autre pour essayer de le comprendre permet d'avancer (surtout si les deux protagonistes font la même démarche).

10. Apprenez par cœur

Petit récapitulatif à retenir (et à se répéter plusieurs fois par jour). On arrête :

- d'interpréter les événements en version « négative » (on choisit l'option « couleur ») ;
- de chercher des problèmes là où il n'y en a pas ;
- de généraliser ;
- d'imaginer que le pire va arriver ;
- d'exagérer (même si on habite Marseille).

7

Comment se faire du bien (quitte à la jouer « perso »)

Retrouver le plaisir : une mission possible ?

Manger une tranche de pastèque glacée par temps de canicule, se lover devant un feu de cheminée quand il neige dehors, fourrer son nez dans un bouquet de violettes, c'est niveau 10 sur l'échelle du plaisir (qui en compte 10 !). Vous offrir un petit cadeau pour vous féliciter de vos bons résultats, c'est trop bon. Vivre une nuit passionnée avec l'Élu, c'est « rrr-raaaahhhhhhhh »... Les trucs qui vous font du bien, vous les connaissez. Pourtant, avec votre rythme de vie trépidant, la pression que vous subissez (qu'elle vienne de l'extérieur ou que vous la mettiez vous-même), vos objectifs si difficiles à atteindre, vous avez l'impression que ces instants de bien-être se font de plus en plus rares. Même, vous vous demandez si vous les sentez vraiment passer.
Pour remettre les choses à plat, reprenons du début...

Comme tous les êtres vivants, nous avons des besoins (d'ordre physique, affectif ou intellectuel) et nous sommes sensibles au bon déroulement de nos fonctions vitales. Le plaisir désigne le bien-être éprouvé dans l'accomplissement de ce que l'on attend, quand au « manque » succède la satisfaction (« J'ai envie de manger du sucré = je croque un carré de chocolat / J'ai froid = j'enfile un pull »). Il existe autant de nuances dans l'intensité du plaisir que de degrés de satisfaction, en fonction de l'importance du besoin qui est comblé.

Ça fait du bien de le savoir

Le plaisir ne survient pas que lors de la satisfaction de besoins vitaux… Il arrive aussi quand il s'agit d'un caprice, d'une envie futile, d'une exigence pas du tout indispensable. Et tant mieux ! (Sinon, cela servirait à quoi de s'offrir des bottes Miu Miu et d'écouter le dernier Shakira en dansant devant son miroir ?)

Testez vos connaissances : dites quel sentiment correspond aux propositions suivantes

- « J'assiste à un événement incroyable (exemple : en montant dans un avion, je me rends compte que mon voisin de hublot n'est autre que Jean-Luc Delarue, l'homme de mes rêves… et des rêves de ma mère). »

« Ce que j'éprouve est… l'émerveillement. » Il s'agit d'un plaisir où se mêlent l'étonnement et l'admiration, notamment face à un événement qui nous semble extraordinaire.

- « Je viens de remporter une enchère sur eBay : un Kelly couleur camel pour 100 € !!! Mais non, ce n'est pas inquiétant qu'il soit expédié de Hong Kong !! C'est tellement génial que je vais en commander un autre en rose fuchsia !!! »

« Ce que j'éprouve est… l'euphorie. » Il s'agit d'un sentiment très intense de satisfaction, qui peut s'accompagner d'excitation et même d'agitation.

- « Mon amie d'enfance, qui vit depuis 10 ans à New York, m'annonce qu'elle est de passage en France et qu'elle vient me rendre visite… Quelle bonne nouvelle ! »

« Ce que j'éprouve est... la joie. » Caractérisée par le sentiment de plénitude, la joie est une satisfaction éprouvée par rapport à un sujet important, profond et qui implique la personne en entier. Elle peut se manifester par la gaieté mais peut aussi être très intériorisée.

- « Je suis allongée sur un transat, sous un olivier, doucement bercée par les rayons du soleil et le crii crii des cigales, avec pour seul horizon les champs de lavande... Je ferme les yeux et je profite à fond de cet instant privilégié. »

« Ce que j'éprouve est... la délectation. » Plaisir que l'on savoure pour en jouir au maximum.

- « Je découvre un petit trait bleu sur mon test de grossesse... Je suis tellement émue que les larmes noient mes yeux. L'Homme me serre dans ses bras pour cacher sa propre émotion. Nous voyons l'avenir s'ouvrir devant nous. »

« Ce que j'éprouve est... le bonheur. » Ce que l'on appelle « bonheur » est le résultat d'un ensemble d'émotions liées au soulagement éprouvé quand on a obtenu ce que l'on voulait, à la joie et au plaisir. Il est la manifestation d'une immense satisfaction, liée à des domaines très importants de notre vie. De courte ou de plus longue durée, il est en général une expérience intériorisée et paisible.

- « À cet instant, tout ce dont je rêve se réalise : j'ai perdu 10 kg, gagné à l'Euro Millions et Jean-Michel a demandé ma main (avant que je gagne le gros lot). Je suis scotchée par autant d'événements heureux (d'ailleurs, j'ai un sourire niais incrusté sur le visage). »

« Ce que j'éprouve est... la béatitude. » Terme appliqué généralement à la félicité dans le domaine religieux, la béatitude est un état de perfection du bonheur, elle désigne le comble de la satisfaction, le top du top, la crème de la crème.

Pourquoi avons-nous l'impression de ne pas profiter de la vie ?

Ce n'est pas le tout d'assouvir nos besoins, de répondre à nos envies et de combler nos désirs. Si l'on pense à autre chose, que l'on est trop préoccupée par l'organisation du prochain dîner avec les Dumont ou la hausse des prix du pétrole brut, on ne pourra même pas apprécier de prendre 5 min de récréation ou de goûter à la tarte aux pommes qui sort du four. Du coup, on est toute frustrée. Limite aigrie (et ça, c'est mauvais pour le teint).

Alors, pourquoi ne sait-on pas apprécier les bonnes choses au bon moment ?

- **Notre notion du temps est faussée.** Dans nos vies, tout va de plus en plus vite, il faut rentabiliser chaque seconde.
- **Nous sommes la génération « zapping et Internet haut débit ».** L'immédiat, le tout-de-suite, l'instantané sont entrés dans nos modes de fonctionnement. De plus, la société nous propose des plaisirs de plus en plus éphémères (il suffit de voir la généralisation des « séries limitées » : pour consommer plus, on nous donne envie d'avoir ce qui est rare).
- **La société repose sur la performance.** Il faut être le meilleur dans tous les domaines de sa vie (comme à la *Star Ac'*, « il faut se donner à 100 % »).
- **On ne sait plus vivre l'instant présent.** Ou bien on est encore dans le passé, ou bien on se projette dans l'avenir.
- **On s'accorde des plaisirs, mais ponctuels.** Ils ne donnent pas de sens à la vie (« Je m'offre un étui en cuir pour mon iPod : c'est sympa, j'aime beaucoup. Mais est ce-que cela va me réjouir tous les jours ? »).

- **On n'écoute pas ses besoins profonds.** On ne cherche pas à savoir ce qui serait bon pour nous : en gros, on cède à la facilité.

Règles de base pour savourer chaque seconde de la vie

1. Se poser les bonnes questions

« Pourquoi est-ce que je ne suis pas heureuse ? Que manque-t-il à mon bonheur ? »

- Si la réponse est : « Je ne suis pas heureuse parce que je n'ai pas de voiture de sport alors que je gagne le SMIC », cela vous permettra de prendre conscience que vous avez tout intérêt à trouver d'autres sources de satisfaction. Rappelez-vous que le bonheur résultant de l'achat/récompense ne peut combler vos besoins profonds, ne vous fait pas avancer.
- S'il s'agit de solitude, de rapports humains superficiels, efforcez-vous de consacrer plus de temps à vos amis : une *pasta party* très chaleureuse et conviviale est bien plus enrichissante et euphorisante qu'un plateau-télé en solo (même si, au menu, il y a foie gras et sa figue confite).
- Si la réponse est : « Pour être heureuse, je voudrais la paix dans le monde, de la nourriture pour les affamés, un toit pour les mal logés et de l'amour pour tous les malheureux » c'est pas gagné !

2. Dépasser le bonheur matériel et physique

Le bonheur, ce n'est pas seulement passer des moments agréables véhiculés par les sens (un très bon vin, un air de Mozart ou la caresse de la soie) : ce ne sont que des sensations passagères, des instants peu durables. L'idée que l'on se fait du bonheur est trop souvent matérielle : quand on a atteint son objectif, on se rend compte qu'il manque encore quelque chose... Cela s'explique : le bonheur ne se compte pas en terme de richesses « physiques », mais de richesses de l'âme et de l'esprit. Vous êtes saisie devant la beauté d'un paysage : vous ne possédez pas ces arbres, cet océan, ce ciel... mais ils vous inspirent des sentiments. Une possession matérielle peut toujours être perdue ; une sensation, des pensées sont définitivement à vous, personne ne peut vous les retirer. Bien sûr, il ne s'agit pas de ne plus chercher les plaisirs physiques... mais de ne pas en faire votre moteur, ne pas leur accorder la priorité.

3. Être dans « l'ici et maintenant »

Vous avez identifié un besoin profond, vous avez trouvé la façon de le satisfaire... À vous maintenant d'être totalement présente pour en jouir pleinement : oubliez les pensées parasites (sentiment de culpabilité ; par exemple : « Je me fais masser au lieu de faire réviser les tables de multiplication de Jeannot / Je me fais masser alors que j'ai une montagne de repassage qui attend »).

4. Conserver sa part d'enfance

Plus on grandit, plus on devient sérieux, plus on a de responsabilités et de soucis. On ne répond plus instantanément à une envie (manger un paquet de Mikado maintenant-tout-de-suite) parce que, là, on est en réunion et que surtout l'on a pris 2 kg depuis le dernier réveillon. Les enfants, eux, sont attentifs à leur bien-être, ils sont en apprentissage, toutes antennes ouvertes et, de ce fait, ils prennent plus de plaisir dans tout. Retrouver cette spontanéité, faire revivre la petite fille en vous, c'est aller vers plus de légèreté, plus de joie de vivre (« tagada tsoin tsoin »).

5. Décider que la vie est un cadeau

C'est le fait d'ÊTRE LÀ qui est source de bonheur, pas d'attendre qu'arrive quelque chose d'extraordinaire (et qui n'arrivera probablement jamais).

Exercices pratiques pour vivre de purs instants de bonheur

On ne va pas aller jusqu'à dire que vous êtes handicapée du plaisir... mais vous survolez tellement votre vie que vous ne vous accordez que des instants fugaces de bien-être. Ouvrir un pommard 1985 et boire son verre cul-sec, aller chez Pierre Hermé pour acheter un gros macaron au caramel au beurre salé et le gober tout rond, debout, devant la porte de la pâtisserie... quel dommage ! Dans ces cas-là, mieux vaut ouvrir le robinet du Cubi ou se goinfrer avec un beignet industriel. Si l'on ne veut pas que la vie passe sans que l'on s'en aperçoive, il faut prendre le temps de la regarder.

Trouvez du plaisir dans tout

Vous allez me dire : « Si elle arrive à me démontrer qu'on peut s'éclater en faisant la vaisselle ou être "*tralalaïtou*" en récurant les toilettes, je lui offre des Jimmy Choo. » Sympa : ma pointure, c'est 39.

1. Votre journée est remplie de tâches et autres activités pas forcément excitantes. Commencez par cerner toutes les choses que vous estimez devoir faire (celles que vous avez *besoin* de faire, pas celles dont vous *avez envie*) et jugez à quel niveau vous les placez sur une échelle croissante de « corvées » (de 1 à 10). **Exemple :**

« Apporter des chocolats à tante Yvonne qui vient de rentrer en clinique : niveau 5.

– Téléphoner au banquier pour reparler de mon découvert : niveau 10.

– Faire un compte rendu de la dernière réunion : niveau 3. »

2. Dites-vous bien que l'état d'esprit dans lequel vous êtes avant de commencer ce que vous avez à faire va influencer tout le déroulement de vos gestes, notamment le temps, la motivation et la concentration que vous allez y consacrer. Si vous commencez en maugréant, c'est mal parti.

3. Identifiez un objectif clair en faisant ressortir les points positifs, les bénéfices que vous allez pouvoir tirer de cette expérience :

« Je vais faire plaisir à tante Yvonne et lui apporter un peu de réconfort : bonus 6.

– Je vais faire preuve de ma maturité et de ma capacité à prendre ma vie en main : bonus 8.

– Je vais montrer à "Duboss" que je suis efficace : bonus 4. »

4. Pour finir, appréciez pleinement la satisfaction du travail bien fait, le plaisir d'avoir obtenu un résultat (quel qu'il soit), le bonheur d'avoir avancé (même s'il s'agit d'y voir plus clair après avoir nettoyé ses vitres – ce qui n'est pas, au départ, un objectif qui a de quoi vous faire grimper aux rideaux...).

Retrouvez vos sens

Source primaire des émotions, les sens sont nos capteurs, nos antennes vers le monde. Privés de chacun d'entre eux, nous vivrions emmurés en nous-mêmes. Cauchemar.

Même s'ils ne peuvent être notre seule source de plaisirs (voir plus haut), il est quand même bon de ne pas les oublier. Pour prêter plus attention à nos sens et aux messages qu'ils nous envoient, petit tour du propriétaire :

Le goût

Une des premières expériences que fait le nouveau-né... Un des sens qui peut le plus s'affiner au cours de la vie, le goût est une source inépuisable de plaisirs.

Chez nous, manger est facile, à la portée de (presque) tous. C'est une chose si banale que l'on oublie parfois d'y prêter attention (à moins de compter ses calories au gramme près, ou d'être végétarienne, ou de ne se nourrir que de graines germées pour faire « détox ») : du coup, on peut se contenter de manger du sans-goût-sans-saveur, juste pour se nourrir. Pourtant, ce geste répété plusieurs fois par jour est très riche de symboles : réponse à un besoin vital, souci de sa santé, acte social... mais surtout, instant de bonheur gustatif !

Testez votre goût : choisissez les phrases qui vous correspondent

1. « Je suis au régime : j'ai enlevé de mon alimentation le gras, le sucré, le riche, le farineux... et je ne me nourris que de feuilles de salade, de carottes râpées et de blancs de poulet grillés (les jours de fête, je m'autorise une biscotte). »

2. « Je connais la liste des épices nécessaires pour faire un colombo, un carry ou un tajine. »

3. « Je mange très souvent au fast-food ; je ne sais plus ce que c'est qu'un filet de bœuf qu'on doit manger avec des couverts. »

4. « Je reconnais à l'aveugle un camembert au lait cru. »

5. « J'adore le poivre, j'en mets partout. Du coup, tout ce que je mange est... poivré ! »

6. « Ma passion : découvrir le monde à travers la gastronomie... asiatique, cajun, orientale, méditerranéenne... Je voyage dans mon assiette. »

7. « Pour moi, cuisiner, c'est ouvrir une boîte, sortir une barquette, programmer mon micro-ondes. »

- **Si vous avez entouré une majorité de nombres impairs :** il faudrait peut-être reprendre... goût à la vie !
- **Si vous avez entouré une majorité de nombres pairs :** vous avez l'air de savourer votre existence... Quel piquant !

Comment faire pour retrouver le goût (ou ne pas le perdre) ?

La notion de goût semble en danger... à tel point qu'il faut un élan national pour la défendre (la Semaine du goût, organisée tous les ans, est un événement de plus en plus attendu). Pourtant, il suffit de gestes simples pour ne pas vivre dans l'insipide.

Sans vous prendre pour Jean-Pierre Coffe (moyen au niveau glamour), reprenez l'habitude d'utiliser des produits de qualité, frais, les plus naturels possibles. C'est la base de tout. Bien sûr, il est plus facile d'ouvrir un sachet de salade toute prête que de laver une batavia pleine de terre (et de larves). Il est agréable de manger des fraises en janvier (surtout si l'on est enceinte). Il est plus attrayant de choisir une tomate toute rouge et lisse qu'un fruit verdâtre et tout cabossé...
Mais, ma p'tite dame, il faut faire des efforts pour bien manger ! Essayez donc :

– de manger des fruits et légumes de saison ;
– d'aller si possible sur les marchés pour faire vos courses auprès des petits producteurs locaux (produits plus chers mais plus frais) ;
– de préférer ce qui pousse en pleine terre ;
– sans aller jusqu'à manger bio à tout prix, d'être vigilante sur la provenance des aliments ;
– de diversifier votre alimentation, redécouvrir les légumes anciens, les espèces oubliées (heureusement que l'on trouve des tomates « cœurs de bœuf » pour savoir que ce fruit peut avoir du goût) ;
– d'oublier le pasteurisé, l'industriel pour aller vers l'artisanal, le « fermier ».

Je vous entends déjà dire : « C'est plus cher » ou « Y'en a pas à la supérette en bas de chez moi »... Ce sont des arguments tout à fait recevables, mais le but est de prendre conscience de l'intérêt de cette démarche : mieux vaut manger quelques fraises absolument sublimes qu'une barquette entière sans saveur et pleines d'eau.

Si les produits sont bons, l'acte de manger peut aussi être l'objet d'attention :

– En recherchant la convivialité autour d'une table (on apprécie mieux ce que l'on mange assise et entourée d'amis que debout sur un comptoir, toute seule).

– En réapprenant à mastiquer, pour prendre son temps, pour ne pas « gober tout rond », pour savourer pleinement les aliments.

– En osant cuisiner : tant pis si les débuts sont difficiles… mais il existe tellement de livres, de blogs, d'émissions sur la cuisine que vous trouverez sûrement des recettes faciles et délicieuses.

– En apprenant à manier les épices : il faut les doser avec subtilité, mais elles ont un réel intérêt pour doper les saveurs.

– En cherchant à enrichir son vocabulaire pour exprimer ce que l'on ressent : dire juste « Beurk ! c'est pas bon », c'est rester au niveau maternelle (et sa Knaki-purée)… Parler de l'amertume, de la texture, du fondant, de l'acidité ou de la douceur, c'est se concentrer sur ses émotions – et ça, c'est bon !

Ça fait du bien de le savoir !

Il faut plusieurs minutes au cerveau pour comprendre que votre estomac est rempli et que la sensation de faim est calmée : mâcher longtemps vous permet de manger moins avant d'atteindre ce niveau de satiété. Non seulement vous prendrez le temps d'apprécier toutes les saveurs de votre bouchée, mais en plus vous serez gagnante au niveau calorique ! Quelle nouvelle hyprapositive !!!

Le toucher

La peau est l'organe qui se forme en premier, elle est, en surface, le plus important de tous. Sa structure est un trésor de récepteurs sensoriels (720 000 terminaisons nerveuses !) capables de nous faire ressentir des stimuli très complexes : le froid, la chaleur, le contact, la douleur... On peut dire du toucher qu'il confirme la réalité perçue par les autres sens. Mais ce sens est aussi notre premier mode de communication : pour le nouveau-né, être touché, caressé est aussi vital qu'être nourri. Pour montrer son amour, on frôle, on saisit, on câline...

Testez votre toucher : cochez les numéros qui vous correspondent

1. « Les pulls qui grattent, les tissus qui irritent, les bretelles qui rentrent dans la peau... ça peut gâcher ma journée ! »

2. « Je déteste qu'on me tripote la tête : aller chez le coiffeur, c'est une torture. »

3. « J'adore faire de la pâtisserie : plonger les mains dans la matière, pétrir, malaxer... un peu comme quand je faisais de la pâte à modeler à la crèche ! »

4. « Ah bon, tu me chatouilles là ??? »

- **Si vous avez entouré une majorité de nombres impairs :** vous êtes sensible au toucher, aux sensations agréables ou désagréables qu'il peut procurer... Continuez sur cette voie pour approfondir vos découvertes.
- **Si vous avez entouré une majorité de nombres pairs :** le toucher n'est pas un de vos sens privilégiés, vous n'aimez pas le contact... Peut-être avez-vous un problème de communication dont vous n'êtes pas consciente ?

Comment faire pour profiter pleinement de l'expérience du toucher ?

Un esprit sans enveloppe charnelle... vous ne seriez pas humaine ! C'est l'union du corps et de l'esprit qui fait de nous des êtres ayant une identité, capables de communiquer entre eux... Le toucher permet de prendre conscience de son corps (le bébé se découvre en explorant son corps, en portant ses mains, ses pieds à sa bouche, pour en faire le tour). Il est également une source inépuisable de plaisirs et de délices : ne dit-on pas « être bien dans sa peau » ? À l'inverse, un toucher accidentel est toujours désagréable et les intrusions non souhaitées dans notre bulle personnelle sont généralement mal perçues. Par chance, le toucher est un des sens les plus malléables, dont on peut prendre conscience assez facilement quand on veut être attentive à ses sensations.

Commencez par vous concentrer sur vos gestes quotidiens

- Marchez pieds nus dès que possible ;
- En faisant du shopping, tâtez les tissus, les matières pour en apprécier les différences ;
- Prenez conscience de l'air qui vous entoure : ressentez le vent, le soleil, le froid sur votre corps ;
- Dans la nature, touchez les troncs des arbres, le velouté de l'herbe (pas les épines des roses !) ;
- Imaginez votre schéma corporel, prenez conscience de la position de vos membres, des sensations de lourdeur ou de légèreté...

Si la sensation éprouvée est agréable, tentez de la prolonger, de la savourer... Si elle est déplaisante, passez à autre chose.

Massages and Co

Dans le domaine du toucher, le massage reste le geste le plus chargé en émotions, en sensations et en bien-être. Peu développé en Occident (l'héritage culturel veut que le corps soit vécu comme symbole du mal), alors qu'il fait partie du mode de vie en Afrique ou en Asie, le massage connaît depuis quelques années un véritable engouement et devient de plus en plus accessible (pas un institut qui ne propose plusieurs techniques).

Ça fait du bien de le savoir !

Sous les doigts du masseur, les réactions chimiques s'enchaînent : les récepteurs cutanés envoient des influx nerveux, les centres sensoriels sont stimulés et produisent des hormones, des neurotransmetteurs (dont l'ocytocine, hormone du plaisir)... le tout faisant baisser le rythme cardiaque, la pression artérielle... et ayant même une action antalgique pour plusieurs heures !

Quand vous réclamez un petit massage à votre chéri et qu'il s'y prête de mauvaise grâce, expliquez-lui quels pouvoirs « magiques » il peut avoir sur vous... il sera plus motivé !

Petit topo pour trouver son « papouillage » préféré

(il existe de très nombreuses techniques de massage, en provenance d'horizons très différents) :

- **Le massage ayurvédique.** D'origine indienne (son nom vient de l'ayurveda, médecine indienne qui n'utilise que des produits naturels et des plantes), il se pratique nue ou en sous-vêtements, allongée sur une table. On utilise de l'huile pour effectuer des mouvements sur le corps, des palpations, des pressions, dans le but d'apporter de la détente, une réduction de la tension nerveuse, une amélioration de la circulation sanguine et un effet « détox ».

- **Le massage californien.** Né dans les années 1960 aux États-Unis, il est un mélange de différentes techniques et se pratique allongée, nue ou en sous-vêtements, par de longs mouvements fluides, lents et enveloppants, de pressions glissées et d'effleurages, pour éliminer le stress et dénouer les tensions musculaires (il va en profondeur dans les tissus).
- **Le massage thaïlandais.** Trop souvent assimilé à des pratiques sexuelles exotiques, le massage thaïlandais est un vrai concentré de bienfaits thérapeutiques. Il vise à faire circuler les énergies, à améliorer la circulation sanguine, à manipuler les articulations pour rééquilibrer le corps. Ses effets sur le stress, les douleurs, le manque de tonus sont reconnus...
- **Le massage shiatsu.** D'origine japonaise, cette technique très efficace est d'autant plus appréciable qu'elle peut se pratiquer sur les vêtements, sans huile (très pratique pour profiter d'une pause-déjeuner au bureau !). Thérapie officiellement reconnue au Japon, elle consiste en des pressions des doigts sur des points d'acupuncture et vise à éliminer le stress, soulager migraines, insomnie, fatigue et problèmes de digestion.
- **Le massage aux pierres chaudes.** Venu des États-Unis, mais aux origines amérindiennes, ce massage utilise des pierres volcaniques qui ont la capacité de conserver la chaleur : en les disposant sur des points précis, elles diffusent la chaleur comme autant de mini-saunas et permettent ainsi de drainer, de relâcher et de dénouer les tensions.
- **La réflexologie plantaire.** Cette technique chinoise part du principe que le pied est une carte du corps et qu'à chaque

point correspond un organe. En massant, en exerçant des pressions sur différentes zones, on agit sur l'ensemble de l'organisme tout en apportant détente et bien-être, on gagne beaucoup en légèreté, notamment en cas de jambes lourdes. Chatouilleuses s'abstenir !

- **Le drainage lymphatique.** Il s'agit d'un massage ayant une visée médicale, destiné à rétablir la circulation de la lymphe (sa stagnation est à l'origine de problèmes de rétention d'eau, de sensation de jambes lourdes, d'œdèmes). Par des pressions, des appuis sur différents points du corps, la méthode permet l'élimination des toxines et vise à apporter légèreté et vitalité.
- **Le massage sur chaise.** Très accessible (se pratique par-dessus les vêtements, sans huile), très rapide (des séances d'une dizaine de minutes), ce type de massage se pratique assise, face contre une chaise spéciale, et permet une grande détente du dos, de la nuque afin de lever un maximum de tensions. Ce service est proposé dans certaines entreprises, dans des magasins ou encore des stations de métro... On passe devant et, hop ! on se lance.

Ça fait du bien...

Si jamais votre amoureux se prenait tout d'un coup pour un masseur émérite (pour le genre grand Suédois baraqué – va y avoir du boulot), profitez de l'occasion pour utiliser des huiles essentielles afin de décupler les effets de ses caresses. Dans une huile de massage neutre qui sert de base (noisette, germe de blé), ajoutez quelques gouttes d'essences de votre choix (lavande, menthe, rose musquée... – demandez conseil à votre pharmacien) en respectant bien les dosages. Effets garantis !

L'odorat

Il est l'un des sens les plus performants, les plus sophistiqués et, paradoxalement, les plus négligés... Pourtant, 10 millions de cellules composent notre système olfactif et un nez exercé peut reconnaître près de 4 000 senteurs et encore plus de combinaisons... Si vous êtes juste bonne à dire : « Hum, ça sent bon » ou « Pouark, ça pue ! », il y a de quoi faire !!!
Intervenant en première ligne dans notre bien-être, ce sens est intimement lié à l'émotion ou à l'imaginaire : tout le monde a le souvenir d'une odeur d'enfance, capable de faire ressurgir des images et de raviver des sentiments : le gâteau de mamie qui sort du four, le bois dans l'atelier de papa, le foulard de maman portant son parfum... Les odeurs ont un véritable pouvoir sur nous : le fumet d'un plat peut nous faire saliver (ou baver), l'odeur d'une personne peut déclencher le désir (ou le dégoût, surtout vers 18 h dans une rame de métro).

Comment réveiller son odorat et en faire un allié de son bien-être ?

- En s'inventant des jeux olfactifs : en présence d'une senteur, d'un arôme, fermez les yeux et essayez de deviner de quoi il s'agit, en faisant remonter les souvenirs et les images associées.
- Pour ne pas se lasser de son parfum, en porter plusieurs selon l'humeur. Si l'on veut absolument rester fidèle, parfumer ses vêtements ou changer de mode d'application (porter la crème parfumée coordonnée, vaporiser sur des points du corps plus éloignés du nez, etc.).
- Jouir pleinement des odeurs agréables : enfouir son nez dans le cou de son bébé, plonger dans un bouquet de roses,

s'emplir les poumons de l'odeur pomme-cannelle de la tarte qui cuit...

- Utiliser les innombrables solutions pour parfumer son intérieur (en laissant les bombes désodorisantes à leur place) : bougies, sprays, diffuseurs, encens, granulés pour l'aspirateur... Voyagez avec des senteurs exotiques, retombez en enfance avec des fragrances gourmandes, élevez-vous avec des parfums élégants : à vous de trouver « l'identité olfactive » de votre petit chez-vous !
- Partez à la recherche de vos souvenirs : faites la recette du gâteau de mamie, portez le parfum de maman, retournez dans l'atelier de papa... et laissez-vous emporter par les émotions déclenchées.
- Prenez des cours d'œnologie : basée en grande partie sur l'étude olfactive des crus, la dégustation de vins permet d'affiner son odorat, de découvrir ses innombrables richesses.

On nous mène par le bout du nez !

Effluves de pain chaud en passant au rayon « boulangerie » du supermarché (même s'il n'y a que du pain sous vide), vapeurs de fleurs blanches dans les rayons du linge, odeur de cuir associée aux produits de luxe... Le « marketing sensoriel » progresse à grands pas, dans le but de nous faire acheter encore plus (faut pas beaucoup nous pousser, non plus). Il existe même une science, l'aromatologie, qui étudie l'influence des parfums sur notre comportement... pourtant, s'il se développe, le phénomène a des limites : l'odorat est très personnel (une fragrance peut être agréable pour l'un et détestable pour l'autre). À manier donc avec précaution !

La vue

Il s'agit du sens le plus sollicité, celui qui nous apporte le plus d'informations, et celui qui est le plus à même de nous influencer. Nous vivons dans un monde d'images : notre imagination, nos rêves sont visuels... D'où l'importance de ce sens sur notre appréhension de la vie et notre bien-être.
Vivre dans un univers gris, sans lumière, sans beauté... c'est la déprime assurée.

Comment avoir envie d'ouvrir les yeux tout le temps (surtout quand le réveil sonne) ?

- Revoyez votre éclairage : les néons blafards, les spots trop vifs, les « tamisés » où l'on ne voit rien... Vous risquez de vous fatiguer beaucoup ! Choisissez correctement vos sources de lumière et surtout... profitez du soleil dès que possible (sans aller jusqu'à le regarder en face, hein ?).
- Soignez-vous par la chromothérapie : en Égypte ancienne, on la pratiquait déjà. Il a été démontré que les couleurs ont une réelle influence sur nos comportements, et sans le savoir, vous portez plus volontiers un tee-shirt jaune quand vous êtes en forme qu'avec la larme à l'œil (là, vous êtes en noir). Appliquez ces connaissances à vos vêtements, à votre intérieur, pour profiter des bienfaits des couleurs.

  – **Le vert :** apaisant, il est en général associé à l'espoir et à la renaissance (du genre petits bourgeons sur les arbres au printemps).

  – **Le rouge :** couleur très stimulante que l'œil perçoit particulièrement rapidement, il augmente la température du corps, apporte du dynamisme. À éviter dans une chambre ou en cas d'hypertension !

– **Le jaune :** également très stimulant, symbole de la gaieté, il permet d'augmenter les facultés mentales (pensez-y pour la chambre de votre fils si vous voulez qu'il fasse Polytechnique).

– **Le bleu :** couleur de l'expression créative, de l'apaisement, de la liberté... il est parfait pour se relaxer.

– **L'orange :** dynamisme, optimisme (c'est souvent une couleur révolutionnaire !), il donne le moral !

- Variez vos stimulations visuelles : pas seulement en changeant de fond d'écran toutes les semaines ! mais en levant les yeux de vos écrans (ordi, télé, portable...) qui renvoient une lumière fatigante pour la vue et en vous offrant des paysages avec une certaine profondeur de champ (horizon de la mer, vue en haute montagne...).
- Exercez vos talents de « prise de vue » : faites de la photo ! Pas seulement en immortalisant les 80 printemps de tante Yvonne ou la bouche barbouillée de chocolat de Petitbout, mais en faisant vraiment de beaux clichés, en étant attentive au cadrage, à la lumière... afin de révéler votre perception personnelle de la beauté.

L'ouïe

Rares sont nos moments de silence... sans sonnerie de téléphone, cris d'enfants, bruit de fond de la télé ou de voitures qui passent sous les fenêtres. Comme nous l'avons vu page 122, le bruit peut être agressif et il faut apprendre à s'en protéger.

Comment faire du bien à ses oreilles ?

- Même si vous aimez le heavy metal et que cette musique vous fait *triper*, on ne peut pas dire que ce genre de chose participe à votre détente et à votre bien-être (difficile de se laisser bercer par les guitares électriques, à moins d'avoir 14 ans et des bagues aux dents). Pour lâcher prise, rien de tel que le silence ou les musiques d'ambiance « nature ».

- Écoutez Mozart ! Il est prouvé que sa musique a un effet très bénéfique sur le développement de l'intelligence, de la créativité et peut même guérir de nombreux maux (il paraît que la voix de Nolwenn Leroy aurait les même propriétés !!!). En fait, il s'agirait surtout des hautes fréquences que produisent ses mélodies... Mais sans chercher à connaître les causes d'un tel bénéfice, pourquoi se priver de *Petite Musique de nuit* ? (Les mêmes bienfaits ont aussi été reconnus à certains morceaux de jazz, de rythmes latins ou même de chants grégoriens... nettement moins sensuels.)

Comment rire comme une baleine (tout en gardant une silhouette de nymphette) ?

Pas besoin d'études scientifiques pour montrer les bienfaits du rire : vous savez à quel point on est détendue, vidée, soulagée après s'être tenu les côtes à en avoir envie de faire pipi dans sa culotte, après avoir été secouée de spasmes à s'en couper la respiration, après s'en être payé une bonne tranche.

Pourtant, des études ont été faites. Et elles confirment que le rire, grâce à la respiration saccadée, permet de :

– faire travailler le diaphragme ;

– activer la circulation sanguine (apport d'oxygène) ;
– masser l'estomac et les intestins (et améliorer la digestion) ;
– prévenir les maladies cardiovasculaires (en renforçant le cœur) ;
– faire sécréter des hormones (dont les fameuses endorphines, nos euphorisants naturels) ;
– diminuer la sensation de douleur.

Une bonne séance est aussi bénéfique qu'un jogging : on est essoufflée mais revitalisée (sans transpirer ni avoir de cloques aux pieds). Comme le nom d'une célèbre association le dit, le rire est « médecin ».
Le problème, c'est que, face à votre pile de dossiers ou au client tout rouge qui gesticule devant vous, vous n'êtes pas toujours en situation de vous bidonner.

Comment rire même sans en avoir envie ?

Il existe une « science », appelée gélothérapie (la thérapie par le rire), qui prône de s'entraîner à rire comme on le ferait pour une activité sportive. Attention ! on ne parle pas ici d'avoir de l'humour (ce qui n'est pas donné à tout le monde – vous le reconnaîtrez), mais seulement de s'esclaffer, faculté innée chez l'homme. Pour cela, il ne faut pas compter seulement sur le stock de blagues belges de Jean-Michel, il faut s'y prendre avec plus de sérieux...
Une méthode existe, intitulée « le rire sans raison », développée en 1995 par le docteur indien Madan Kataria en se basant sur la respiration du yoga. Pratiquée dans les nombreux « clubs du rire » qui fleurissent un peu partout, elle ressemble plus à

une gymnastique qu'à une séance de franche rigolade, mais peu importe...

Le but est de retrouver le « rire enfantin », primal, celui qui nous secoue spontanément (comme quand quelqu'un se prend une porte sous nos yeux – avouez : vous riez aussi).

Au début de la séance, on se dit bonjour en riant (il faut se forcer un peu), puis on enchaîne des exercices à base de mimes, de saynètes, etc. Plus on avance, plus le rire est spontané, plus il est communicatif, pour finir en francs éclats. Ça donne envie, non ?

Rigoler, c'est bon pour la santé

Nous ne rions que 6 min en moyenne par jour, contre 20 il y a 50 ans... On ne peut pas appeler ça du progrès ! Alors, voilà un bon prétexte pour regarder en boucle le DVD de Gad Elmaleh sans rendre votre chéri jaloux : dites-lui que c'est pour votre santé...

10 façons de transformer son quotidien en bonheur-de-tous-les-instants

1. Planifiez vos pauses-plaisir

Ce n'est pas le tout de dire le 1er janvier : « Cette année, je m'occupe de moi » et de se promettre de prendre rendez-vous chez l'esthéticienne tous les mois, de s'inscrire au cours d'aquagym ou d'organiser des « soirées filles » tous les quatrièmes vendredis du mois... s'y tenir, c'est ça le pari ! Souvent, c'est le premier pas qui coûte : alors, au moment où vous vous faites ces promesses, ne remettez pas au lendemain et saisissez votre agenda pour prendre RÉELLEMENT rendez-vous chez l'esthéticienne, enfilez VRAIMENT votre maillot de bain et appelez TOUT DE SUITE vos amies. Une fois que vous aurez goûté à ces petits bonheurs, ce sera plus facile de les enchaîner.

2. Fractionnez vos vacances

Que préférez-vous : partir 5 semaines en août (et tirer la langue toute l'année dans la perspective de ces congés) ou partir 5 fois 1 semaine ? En multipliant les pauses (si votre job le permet), vous aurez l'impression que le temps passe beaucoup plus vite...

3. Prenez le temps... de ne rien faire

Quand vous décidez de vous reposer 5 min, vous êtes toujours tentée de vous lever pour lancer une lessive / appeler une copine / surveiller le gratin dauphinois... Accordez-vous un vrai moment de flemme, obligez-vous à rester assise ou allongée et laissez-vous aller à la rêverie (pour vous aider, suivez les mouvements des nuages dans le ciel, regardez la neige tomber, les feuilles des arbres bouger dans le vent, etc.).

4. Ne faites qu'une chose à la fois

Vous avez pour habitude de cuisiner en téléphonant, de manger en lisant, de conduire en faisant réciter ses tables de multiplication à Petite-Princesse... Dites stop aux multitâches ! Efforcez-vous de vous concentrer sur une seule chose à la fois : *primo*, vous l'apprécierez beaucoup plus (sauf s'il s'agit de faire les vitres ou de nettoyer des poireaux) et, *secundo*, vous le ferez certainement mieux.

5. Découpez votre journée

Face à la liste interminable de ce que vous avez à faire dans une journée, vous êtes anéantie avant même d'avoir commencé. Pour pouvoir attaquer (au lieu de mettre la tête dans le sable), rien ne vaut la technique du pas-à-pas : fixez-vous des objectifs courts (des plages de 2 h) et accordez-vous une pause de 10 min entre chaque session. Pendant ces repos, félicitez-vous d'avoir mené à bien une partie de votre tâche... non seulement vous serez soulagée d'avoir avancé, mais en plus vous serez ragaillardie pour la suite.

6. Déconnectez-vous

Pour pouvoir apprécier un vrai moment de détente, il n'est pas question d'être dérangée par tous les « éléments perturbateurs » habituels... Coupez votre connexion Internet, mettez votre portable sur le mode « vibreur », collez les enfants devant la PlayStation (vos principes d'éducation peuvent aussi se mettre en veilleuse pendant un quart d'heure) et fermez la porte de la pièce. S'il le faut, confectionnez une petite pancarte « DO NOT DISTURB » (ou utilisez celle que vous avez piquée lors de votre dernier séjour à l'hôtel).

7. Adonnez-vous à des rituels

Dès que possible, faites de chaque situation de votre vie un moment privilégié, en y mettant autant de soin que si vous vouliez vraiment en faire un instant de bonheur. Même vous brosser les dents peut devenir un moment intense : un peu de musique, des respirations lentes (oui, oui, même la bouche pleine de mousse), un bain de bouche aux essences de menthe... Il suffit de le vouloir.

8. Multipliez les plaisirs

Imaginez le truc dément : vous prenez un après-midi de RTT (lâcher-prise), retrouvez une copine (convivialité) et allez vous faire masser (toucher) avec des huiles essentielles (odorat)... Ensuite, vous mangez un macaron à la violette (goût) avant d'aller acheter une petite robe en solde (extase totale)... Le bonheur, c'est possible !

9. « Je ris, tu ris, nous rions... »

Pas de « club du rire » près de chez vous ? Organisez-vous une petite séance perso ! Ressortez toutes vos cassettes des *Marx Brothers*, repassez-vous le film en super 8 de vos premiers gadins au ski, branchez-vous sur une radio humoristique ou appelez Marie qui a toujours une anecdote poilante à vous raconter... Enfin, décoincez-vous les zygomatiques : c'est une question de santé publique !

10. Ne vous prenez pas au sérieux !

Prendre la vie sur le mode dramatique peut gâcher même le meilleur des moments (O.K.! vous venez de filer votre bas alors que vous arrivez à cette soirée super *hype* que vous attendiez depuis 1 mois... que choisissez-vous : vous suicider aux cacahuètes en vous cachant derrière une plante ou décider de profiter quand même de la soirée parce que CE N'EST PAS SI GRAVE ?). Prenez les choses avec plus de légèreté, moquez-vous de vous : c'est le meilleur moyen d'apprécier la vie.

8

Comment se dessiner un avenir tout rose (sans fumer la moquette)

Comment faire tomber le masque (à moins d'être au carnaval) ?

Nikos Aliagas le dit souvent : « Le plus important, c'est de rester soi-même. » Ça, c'est du conseil ! Mais, si vous n'êtes pas toujours obligée d'être en phase avec ce grand penseur moderne, il faut bien reconnaître que, là, il n'a pas tort.

Comment être heureuse en se mentant en permanence ? Comment apprécier la vie s'il faut toujours jouer un rôle ? Comment être positive en étouffant sans cesse ses envies profondes, ses aspirations et ses rêves ?

Être soi-même, c'est se donner la liberté de diriger sa vie selon sa conscience, selon la voix de son cœur et non pas obéir à ses peurs, rester bloquée dans des impasses ou se laisser imposer des choix qui ne sont pas les siens.

Il ne s'agit pas de se mettre à danser nue sur les tables, de faire des avances au mari de Sophic ou de tirer la langue au *big boss*, même si votre Jiminy Cricket vous le suggère régulièrement. Non. On parle ici de faire tomber les barrières qui se dressent sur votre chemin, de regarder en face vos problèmes pour pouvoir les dépasser et d'oser écouter vos vraies envies parce que vous savez que c'est bon pour vous.

Test : quelle serait votre attitude dans les situations suivantes ?

1. Vous êtes invitée à un dîner « mondain » et vous savez à l'avance que vous allez vous ennuyer à cent sous de l'heure...

♣ Vous vous y rendez parce que ça va booster votre carnet d'adresses.

♥ Vous êtes une pro des excuses (votre grand-mère a déjà eu cinq crises cardiaques et votre chien s'est déjà fait écraser dix fois) : faire des courbettes toute la soirée pour espérer récolter quelques cartes de visite, c'est trop pour vous !

2. Vous êtes au cinéma et le film est un vrai navet.

♥ Merci bien, mais les navets, vous les aimez dans le pot-au-feu... là, vous vous levez et quittez la salle.

♣ Vous avez payé votre place, vous êtes bien au chaud... vous regardez le film en pensant à autre chose.

3. Votre copine Marie vous bassine avec ses histoires de couple : voilà 1 h que vous êtes au téléphone à écouter sa énième rupture avec Paul.

♣ Vous la plaignez, comme d'habitude, et essayez de la consoler.

♥ Trop c'est trop ! vous lui dites ce que vous pensez : Paul est un naze qui se moque d'elle et qui ne la mérite pas.

Majorité de ♣

Les contraintes, les impératifs vous tiennent sous leur emprise, même s'ils vont totalement à contre-courant de vos envies. Il est évident que, « dans la vie, on ne fait pas toujours ce que l'on veut » (maman vous l'a suffisamment répété, surtout à l'époque où vous vouliez vous faire une crête rose sur la tête), mais il y a aussi des moments où l'on doit s'autoriser à écouter ses instincts.

Majorité de ♥

Vous êtes libre, vous avez suffisamment de force pour faire ce qui vous convient à vous et pas ce que les autres voudraient vous voir faire... Chapeau ! (Attention ! n'allez pas jusqu'à révéler à Marie que vous avez fricoté avec Paul : vous perdriez une amie.)

Osez rêver !

Votre petite vie est bien réglée, votre avenir est tout tracé, vous aimez bien votre train-train. Ah, c'est sûr, vous êtes heureuse avec Jean-Michel, votre pavillon, votre boulot pépère et le chien. Mais soyez honnête : quand vous fermez les yeux, quand vous ouvrez votre boîte à secrets... vous savez bien que votre truc à vous, ce serait de vivre en Argentine pour danser le tango du matin au soir / de devenir productrice de rosiers anciens / de faire le tour du monde sur une goélette. En gros, vibrer, avoir des émotions, se sentir en phase avec soi. Rien à voir avec votre quotidien en demi-teintes.
Le rêve, c'est un moteur, un carburant. Et vous, vous êtes souvent en rade... Vous aimeriez bien, mais... vous trouvez toujours de bonnes excuses.

Top 5 des « mauvaises raisons de ne pas faire ce que vous rêvez de faire »

1. « Je n'ai pas le temps. »

2. « Je suis fatiguée. »
3. « Je n'ai pas les moyens. »
4. « Je n'y arriverai jamais. »
5. « Je n'ai plus l'âge. »

Que celles qui n'ont jamais pioché dans cette liste d'arguments lèvent le doigt !

Pourtant, il suffirait de peu de chose pour que votre vie prenne une nouvelle dimension et que vous découvriez de nouvelles motivations, de nouvelles envies : le plus souvent, il suffit d'oser !

Regardez-vous. Tous les jours, vous déployez une grande énergie pour obtenir des résultats : vous bossez des heures pour convaincre un client d'acheter votre produit, vous économisez sou après sou pour vous offrir quelque chose qui vous plaît, vous ne cédez pas à l'appel de ce macaron à la violette (qui vous hurle de le goûter) pour continuer à rentrer dans du 38. Donc, vous êtes capable de faire des efforts, vous faites preuve de détermination. Mais quand il s'agit de voir plus loin, de voir plus grand, y'a comme un blocage.

Alors, pourquoi ne pas oser avoir des rêves fous ? Pourquoi n'arrivez-vous pas à transformer vos « J'ai envie de faire... » en « Je vais faire... » ?

Top 5 des « vraies raisons qui vous empêchent d'aller tout au bout de vos rêves (là où la raison s'achève) »

1. Vous avez peur de l'échec (à la moindre difficulté, vous arrêtez tout).
2. Vous craignez que l'on vous prenne pour une illuminée.
3. Vous ne savez pas par quel bout commencer.
4. Vous avez envie de tellement de choses que tout se brouille.
5. Vous avez besoin d'aide (et n'osez l'avouer).

En gros, il faut vous secouer !
MÉTHODE :

« Je m'offre une "pause-rêve" »

Dire que vous souhaitez gagner au Loto, avoir un corps de rêve ou vivre une vie de star est d'une banalité affligeante. Mais savoir exprimer réellement ce qui vous fait envie, ce qui vous correspond vraiment, c'est souvent plus difficile. On ne parle pas non plus de rêver de vacances quand vous êtes au bout du rouleau ou d'avoir un lave-vaisselle avec autoremplissage : non, il s'agit ici de « direction de vie », de changements profonds, d'espoirs secrets... Or, si le rêve est le propre des enfants (ils ont toute la vie devant eux...), avec le temps, les contraintes, les responsabilités, votre « petite usine à songes » est peut-être aujourd'hui rouillée ou pleine de poussière...

Pour savoir quelles sont vos aspirations intimes, donnez-vous au moins l'occasion de les identifier, accordez-vous un vrai espace de rêve :

- **Même si cela peut paraître étrange, organisez-vous un rendez-vous avec votre imagination.** Si l'on veut s'y consacrer réellement, il faut se mettre en condition. Rêvasser est possible en passant l'aspirateur ou en faisant la queue au supermarché, identifier ses motivations secrètes nécessite un peu plus de concentration. Un des meilleurs moments reste le soir, au coucher : là, on arrive à se détendre, on peut laisser libre cours à ses idées, sans contraintes. Les longs trajets (sauf si c'est vous qui conduisez !), les heures passées dans les salles d'attente, les pauses-déjeuner, les longues veillées d'hiver au coin du feu... peuvent aussi être de bonnes occasions pour vous laisser aller à la rêverie.
- **Une fois mise en condition, prenez de quoi noter.** N'hésitez pas à dresser des listes des choses qui vous font envie, des lieux que vous aimeriez voir, des objectifs que vous aimeriez atteindre... Écrivez ce qui vous passe par la tête, sans peur du ridicule (personne n'est censé lire ces notes) ni des obstacles. Vous pourriez très bien avoir un carnet spécial où, en plus de vos pensées, vous pourriez accumuler de petits « trésors de rêves », des images découpées dans des magazines, des prospectus d'endroits où vous aimeriez aller, des photos de beaux spécimens (?)...
- **Soyez convaincue que ce que vous faites est bon pour vous.** Même les rêves les plus fous, ceux que vous ne réaliserez jamais, ont une fonction utile. Ils vous permettent de prendre conscience de certaines zones d'ombre dans votre vie, d'éléments qu'il faudrait changer, ils vous apprennent des choses sur celle que vous êtes et celle que vous aimeriez devenir. Et ça, c'est drôlement intéressant !

« J'identifie mes rêves »

« Ben, moi, je veux être danseuse étoile !
– Et moi, je veux être vétérinaire.
– Et moi, je veux être docteur et soigner tous les malades dans le monde. »

Vous avez été une petite fille ? Donc, vous avez eu des rêves ! (L'option « petit garçon » est possible aussi, du genre « Je veux être pompier » ou « Je suis un superhéros ».)

Pour faire le point sur vos envies, sur vos aspirations, il est parfois bon de commencer par le début et de se remémorer quels étaient ses projets d'enfant, ses plans tirés sur la comète.

Posez-vous des questions qui pourront stimuler votre imagination :

- « Enfant, à quoi j'aimais penser ? »
- « Qu'est-ce que j'aimais faire et dont je voudrais renouveler l'expérience ? »
- Ensuite, repensez à votre parcours et aux nouveaux objectifs qui l'ont jalonné :

« Quelles décisions ai-je prises dans ma vie ?
– Y a-t-il des opportunités que j'ai ignorées parce qu'à ce moment-là elles ne me convenaient pas et qui maintenant mériteraient que je m'y intéresse à nouveau ?
– Quels ont été les meilleurs moments de ma vie ?
– Est-ce que je peux identifier les éléments qui, réunis, m'ont donné du bonheur ? »

- Enfin, imaginez des situations où votre liberté pourrait être totale :

« Qu'est-ce que je ferais si un génie me demandait de réaliser un vœu ?
– Si je gagnais à l'Euro Millions, je commencerais par quoi ?
– Si on me donne une baguette magique : je change quoi ?
– J'ai droit à une journée idéale : quel est le programme ?
– Quel est le truc le plus fou auquel je puisse penser ? »

En anticipant la réalisation de vos rêves, en vous mettant dans un état d'esprit positif pour les faire remonter à la surface de vos pensées, vous mettrez le doigt sur vos envies profondes, vous les rendrez plus réelles, plus accessibles. Elles vous sembleront moins lointaines, utopiques... C'est une première étape pour en faire un objectif tangible.

Exercice pratique

Utilisez la liste suivante comme base de réflexion pour identifier vos propres désirs. Prenez ce point de départ et modifiez selon votre personnalité.

Petite liste des rêves secrets que vous gardez tout au fond de votre petit cœur :

– Savoir danser la valse (la vraie, celle de Vienne, pas celle du bal de Mareuil-la-Motte).
– Nager avec les dauphins.
– Se faire enfermer toute une nuit dans une galerie marchande (et pouvoir ressortir sans se faire arrêter par les vigiles le lendemain).
– Sauter en parachute.
– Réaliser un film.

– Piloter une Formule 1 (enfin, surtout rencontrer Fernando Alonso).
– Aller sur la Lune.
– Gravir l'Himalaya.
– Dresser un fauve (vous vous entraînez avec Jean-Michel).
– Réussir la cuisson des meringues.
– Chanter à la Scala.
– Bâtir sa maison.
– Faire le tour du monde en voilier.
– Écrire un best-seller.

« Je trouve mon mentor »

Avoir un objectif, rien de tel pour vous faire avancer. Avoir un modèle, une personne marquante à qui vous voudriez ressembler, c'est un moteur supplémentaire : « il/elle l'a fait ; alors, pourquoi pas moi ? »

Dans votre entourage proche, parmi les gens reconnus pour leurs talents, trouvez quelqu'un qui incarne vos valeurs, dont le parcours vous fascine ou dont la vie ressemble à celle que vous aimeriez avoir.

Attention ! il ne s'agit pas ici de s'identifier à Madonna parce qu'elle est une star internationale, riche, talentueuse et toujours en avance sur les tendances. On ne parle pas ici de « fan attitude » (même si rien ne vous empêche de l'admirer et de rêver d'avoir un parcours identique). L'intérêt de choisir pour modèle une personne accessible, c'est de pouvoir entrer en contact direct avec elle, bénéficier de ses conseils, de ses orientations. Difficile de demander à la Madone ce qu'elle pense de votre projet de déménagement ou de vos envies d'obtenir une augmentation !

Observer le comportement de ce « guide », étudier les mécanismes de sa réussite, vouloir suivre son exemple sont de bons moyens de vous motiver, de vous encourager : en analysant le pourquoi de sa réussite, en comparant ses compétences avec les vôtres, vous stimulerez vos capacités et suivrez un chemin déjà tracé.

Exemple : « J'admire la directrice de l'agence pour laquelle je travaille. Partie de rien, elle est arrivée à bâtir une entreprise solide et elle la dirige d'une main de maître. Cela me donne confiance : comme elle, je peux y arriver à force de travail et de rigueur. »

« Je fais le premier pas vers mon but »

Quelle est la meilleure solution pour avancer quand on se retrouve face à une montagne ? Certainement pas de sauter à pieds joints en espérant passer au-dessus et rebrousser chemin après s'être rendu compte qu'on ne sait pas voler. Nan ! Il faut grimper lentement, en assurant ses prises et en gardant l'objectif en ligne de mire.

Quelle est la technique pour venir à bout d'une énorme pile de repassage ? Certainement pas tout fourrer dans son armoire en priant pour que les faux plis se défroissent tout seuls. Nan ! Il faut prendre les vêtements les uns après les autres, les repasser, et regarder avec satisfaction la pile bien rangée augmenter à mesure que la pile des « en boule » diminue.

En fait, avec les rêves, on n'ose pas commencer le chemin qui mène à la réalisation : on ne sait pas où poser le pied pour commencer l'ascension, on ne sait pas quel tee-shirt tirer de la pile. Pourtant, on ne peut jamais deviner de quoi on est capable si l'on n'essaye même pas. Comme au Domino Day, il faut bien faire tomber la première pièce pour voir tout le parcours s'enclencher.

Le plus souvent, il vous manque le petit coup de pouce, le premier tour de manivelle qui entraîne tout le système : pour ça, il ne faut pas regarder trop loin, mais se concentrer sur des objectifs à court terme.

Vous rêvez de jouer divinement du piano ? Pas la peine de vous lamenter en pensant que vous n'arriverez jamais à interpréter l'*Étude révolutionnaire* de Chopin sans vous emmêler les doigts de la main gauche. Commencez par vous fixer comme objectif de jouer la *Lettre à Élise* sans faire le moindre couac. Une fois que vous en serez là, vous aurez gagné suffisamment de confiance pour passer à des partitions plus ardues.

Vous rêvez de paix dans le monde et de grands élans de solidarité ? Difficile de se prendre pour Angelina Jolie et de tout lâcher pour partir participer à des actions humanitaires, déprimant de se sentir impuissante face à toute la misère du monde... En revanche, vous pouvez commencer par vous engager au niveau local, à offrir de votre temps et de votre bonne volonté à une association proche de chez vous.

Vous cherchez le grand amour ? Pas la peine de pleurer sur votre sort et de vous lamenter parce que l'homme de votre vie, Brad, vient d'épouser Angelina (elle est partout !). Ouvrez les yeux et remarquez enfin que ce bon copain que vous connaissez depuis l'adolescence vous tend des perches grosses comme des troncs d'arbres et que vous n'avez jamais pris la peine de les saisir...

Comment être créative… et s'inventer une vie meilleure ?

Pour vous, être créative, c'est…

- Savoir manipuler un pinceau autrement que pour reblanchir les murs du salon.
- Écrire des choses aussi « bouleversifiantes » que « *Laisse-moi devenir l'ombre de ton ombre, l'ombre de ta main, l'ombre de ton chien* ».
- Inventer le coquetier en plastique qui permet de cuire les œufs au four à micro-ondes (un truc qui fait vraiment avancer le monde, quoi !).
- Réaliser un film sur la vie des manchots en Antarctique et faire des millions d'entrées.

En gros, c'est être un artiste, un inventeur, un être doué d'un imaginaire ultradéveloppé et d'une sensibilité exacerbée. Comme le dit la chanson : « *J'aurais voulu être un artiste / Pour pouvoir faire mon numéro […] / J'aurais voulu être un auteur / Pour pouvoir inventer ma vie […] / J'aurais voulu être un artiste / Pour pouvoir dire pourquoi j'existe.* » Pas tout à fait votre cas (pour être expert-comptable, la créativité n'est pas un critère de réussite).

Est-ce pour cela que vous êtes condamnée à une vie tristounette, sans couleurs, sans surprises et sans gaieté ? Bien sûr que non (attitude optimiste) ! Vous pouvez, vous aussi, inventer votre vie au quotidien (attitude ultrapositive) !!

Sans vous lancer dans des activités manuelles, vous mettre à composer des chansons ou faire des sculptures avec de la mie de pain, vous pouvez faire de votre vie une œuvre d'art : transformer les petits malheurs, les petites contrariétés, les situations banales et les pensées moroses en petites fêtes permanentes, en *happening* de tous les instants, en feux d'artifice à volonté, c'est ça qui peut vous changer la vie !

Si l'on voit les choses comme ça, être créative, c'est...

- Faire preuve d'indépendance d'esprit (vous avez bien retenu la leçon des « moutons de Panurge »).
- Se débrouiller toute seule face à des situations délicates (inventer un jeu de marionnettes pour détourner l'attention de Petitbout et lui faire avaler son sirop).
- Proposer de nouvelles solutions même si elles sont risquées (que cela soit de remplacer la farine par de la Maïzena dans votre recette, tourner à droite au lieu de prendre à gauche ou présenter au client japonais une nouvelle stratégie commerciale).

Vous l'aurez compris : la créativité au quotidien fait appel à des qualités, à des ressources dont tout le monde dispose, mais qu'il faut savoir utiliser au mieux pour les appliquer à son bien-être.

Ça fait du bien de le savoir !

Être créative, c'est avant tout répondre à une frustration : quand il vous manque quelque chose, vous trouvez des ressources en vous pour pallier ce manque ou pour trouver une solution de remplacement. Sans aller jusqu'à vous priver de dessert pendant 1 semaine pour stimuler votre imagination culinaire, sachez que vous serez peut-être plus performante dans un domaine si vous entretenez une légère insatisfaction...

« Je libère ma créativité »

Tout est une question d'attitude, un état d'esprit, une façon d'envisager les événements et les éléments du quotidien.

Les grands atouts

- **La curiosité.** Il faut avoir envie d'explorer de nouvelles voies, de tenter des expériences et de voir si elles ne pourraient pas améliorer votre quotidien. En piochant des informations un peu partout, vous créez votre propre synthèse, votre propre vision des choses.

Exemples : « Et si je déplaçais le canapé pour créer un nouvel espace dans mon appart' ? Essayons pour voir... Wahou, je gagne au moins 2 m^2 ! « Et si je présentais Jeanne à Arthur ? Tiens, ça a l'air de coller entre eux ! »

- **L'ouverture d'esprit.** Ne pas avoir peur de l'inconnu, être prête à découvrir de nouveaux horizons.

Exemple : « Je m'adresse à de nouveaux fournisseurs, je cherche de nouveaux collaborateurs qui pourront m'apporter un point de vue, un regard neuf sur mon travail. J'accepte leur critique qui me permet d'avancer. Je rencontre des personnes de cultures différentes qui m'apprennent que l'on peut faire les choses autrement, qui me font goûter à de nouvelles expériences. »

- **L'énergie.** Créer, c'est puiser dans ses ressources profondes, aller à la « pêche aux idées », être à l'écoute de ses sensations – ce qui demande plus d'efforts que de rester sourd à ses envies.

Exemple : « Je cherche en moi pour analyser des émotions et les retranscrire à travers un art... C'est parfois douloureux, mais tellement libérateur ! »

Les freins principaux

- **La peur de perdre ses repères.** Tout changement est déstabilisant, toute nouveauté qui modifie vos habitudes peut perturber votre équilibre... N'allez pas vous lancer dans des transformations radicales de vos habitudes, mais agissez par petites touches, attendez de voir le résultat et allez plus loin si la chose vous plaît.
- **La peur d'être jugée et rejetée pour sa différence.** Pour pouvoir innover, il faut être suffisamment sûre de soi et ne pas craindre le regard désapprobateur de son entourage. Si vous n'agissez que dans le but d'être acceptée et d'être reconnue, tout est calculé, vous ne pouvez suivre votre intuition, votre voix intérieure.
- **Trop de logique, trop de raison.** Cessez de tout comparer à du connu, du stable et du facile à maîtriser. Laissez le champ libre à l'improvisation, à l'invention... même si ce n'est pas très cartésien, très rigoureux et tracé tout droit.
- **Le perfectionnisme.** Pour se lancer dans de nouveaux projets, pour essayer de nouvelles voies, il faut être prête à se tromper, à ne pas tout réussir parfaitement. En voulant trop

bien faire, vous risquez de passer à côté d'essais ratés très riches en enseignements.

Petits exercices pratiques pour booster votre créativité

1. Pratiquez le *brainstorming* dans le cadre de votre vie quotidienne. Cette technique du « remue-méninges », ou littéralement « tempête sous cerveau », est une méthode de travail en groupe qui permet de générer un grand nombre d'idées. On se réunit autour d'un thème, et chacun émet ce qui lui passe par la tête le plus spontanément possible, sans retenue, sans argumenter et sans juger. Adaptez la méthode à votre vie perso : avec des copines, organisez une réflexion autour d'un thème qui vous est cher (les mecs, les soldes, la coiffure...) en laissant libre champ à vos pensées. Contrairement à ce que vous faites d'habitude, abstenez-vous de critiquer ce que pensent les autres et profitez de leur imagination pour doper la vôtre.

2. Gardez un carnet de notes (et un stylo) toujours sur vous. Couchez sur le papier toutes les idées qui vous viennent à l'esprit. Vous ferez plusieurs constatations : vous foisonnez d'idées, 90 % d'entre elles ne sont pas transcendantes, mais les 10 % restantes sont carrément géniales.

3. Musclez votre créativité en jouant. Ouvrez un dictionnaire, choisissez un mot au hasard et exprimez tout ce qui vous vient à l'esprit à son sujet. Laissez votre imagination développer le thème et vous emmener le plus loin possible : vous constaterez que vous êtes douée... et c'est très motivant.

4. Si vous bloquez sur une idée, au cours d'une réflexion, sortez vous balader, occupez votre esprit à autre chose. Ces pauses sont très bénéfiques, elles permettent aux pensées de « mûrir ».

5. Baladez-vous dans des expos, regardez des œuvres d'art, feuilletez de beaux livres, écoutez de la musique (et pas seulement du R & B)... Emplissez-vous de l'expression artistique des autres : elle s'imprimera en vous et, même si vous ne vous lancez pas dans la création, elle influencera votre vision du beau, aiguisera votre perception esthétique.

6. Lisez, faites des mots croisés, des sudokus, jouez à des jeux de mémoire... Non seulement vous ferez un gros travail pour prévenir la maladie d'Alzheimer, mais vous exercerez votre cerveau au regroupement d'informations, à la synthèse et l'obligerez à produire des connexions nouvelles (indispensables pour créer vous-même quelque chose).

Mettez du jeu dans votre vie : redevenez un enfant !

Pourquoi les petits sont-ils si inventifs, créatifs, imaginatifs ? Parce qu'ils n'ont pas de barrière, pas de censure, pas de peur d'être jugés.

Pour retrouver l'enthousiasme, le bouillonnement de l'enfance, pourquoi ne pas vous replonger dans leur univers, le temps d'une petite cure de jouvence mentale ? Toutes ces idées ont pour but de vous faire redécouvrir la part d'enfance qui reste en vous, de recoller avec votre âme de gosse pour faire tomber tous les murs que vous avez dressés autour de vous... et de redécouvrir l'enthousiasme communicatif des *kids.*

• Coloriez !

Vous allez sûrement trouver ça ridicule... mais il faut chasser cette idée négative au plus vite ! Laissez votre esprit s'exprimer autrement qu'avec vos moyens d'adulte (conversation sérieuse, rédaction de rapports hyperstructurés, création de beaux graphiques illustrant la croissance de votre chiffre d'affaires...). Prenez une feuille, piquez des crayons de couleur à votre fiston ou à votre petit cousin... et lâchez-vous ! Faites un « beau dessin » comme quand vous aviez 5 ans : une petite maison avec de la fumée qui sort de la cheminée, un soleil qui sourit, des arbres avec de belles pommes rouges et des bonshommes-têtards (avec leurs 5 doigts à chaque main). Sans le savoir, vous allez exprimer une vision du monde, un reflet de votre état d'esprit... et passer un agréable moment.

• Courez après un ballon, sautez à la corde, grimpez aux arbres...

Demandez à votre chéri de jouer à saute-mouton. Vous arriverez certainement à lui expliquer que, non, non, non, vous n'êtes pas devenue folle, mais qu'il s'agit d'un nouveau moyen de libérer vos pulsions primaires. Il n'y verra que du feu...

• Faites des grimaces

Jouez à « celui qui tire le plus la langue », faites le singe... Défoulement garanti !

• Repensez à tout ce que vous aimiez enfant

Les robes à petites fleurs, les histoires de sorcières, les biscuits avec des pépites de chocolat... En vous remémorant ces plaisirs un peu oubliés, vous vous reconnecterez à vos désirs les plus anciens. Réintroduisez-les dans votre vie actuelle... cela fait un bien fou.

• Organisez un dîner régressif

Invitez des copains autour d'un buffet de bonbons, gâteaux et autres sodas bien sucrés. En totale contradiction avec vos principes diététiques, mais totalement jouissif au niveau gustatif...

• Jouez !

Ressortez votre Monopoly, votre Pictionary et la vieille boîte de jeu de l'oie qui dorment dans votre grenier : vous verrez, vous retrouverez rapidement vos réflexes de « mauvaise joueuse » (c'est pas beau de bouder quand on perd une partie !).

• Vous avez envie de porter un tee-shirt « Hello, Kitty ! »...

... de mettre des barrettes roses et de vous parfumer à la fraise ? Si vous n'avez pas de rendez-vous avec votre banquier ou avec le chasseur de têtes qui vous a détectée, pourquoi vous retenir ? Si votre homme vous regarde avec des yeux ronds, montrez-lui votre culotte Petit Bateau (elles figurent en bonne place au top 10 des fantasmes masculins !!!).

• Relisez des blagues Carambar...

... ou des histoires de pipi-caca : vous verrez, vous n'êtes sûrement pas sortie totalement de cette période !

10 façons d'aller au bout de ses rêves

1. Répétez-le 100 fois

L'obstacle majeur qui vous empêche de réaliser vos rêves, c'est vous. Manquant de confiance en vos capacités, vous ne vous autorisez même pas à croire que vos envies sont possibles... Apprenez à avoir confiance en vous comme on apprend ses leçons : dès que vous obtenez un résultat, répétez-vous plusieurs fois que vous êtes capable de réussir – comme on rabâche ses tables de multiplication, vous finirez par retenir le message !

2. Collez-le sur le frigo !

Comme un enfant, faites un beau dessin qui représente le rêve qui vous anime, les choses qui vous font envie... Mettez tout votre cœur dans sa réalisation et, une fois terminé, affichez clairement votre fierté : collez votre œuvre sur le frigo (c'est beaucoup plus stimulant que de coller une photo de soi tous bourrelets dehors en pensant que cela aura un effet dissuasif au moment de se goinfrer de crème dessert).

3. Vous êtes une œuvre unique !

C'est parfois bon de se rappeler qu'il n'y pas deux personnes comme vous sur Terre, que vous êtes un prototype, un modèle unique, un coup de maître ! Question originalité, on ne peut pas mieux faire ! Voilà de quoi booster votre créativité : tout ce que vous faites, tout ce qui sort de votre imagination est également unique... C'est motivant, non ?

4. Offrez des cadeaux personnalisés

Rien de plus touchant qu'un présent fabriqué avec vos petites mains (enfin, sauf si vos talents de tricoteuse ne dépassent pas le point mousse) : préparez pour votre meilleure amie un album photo de vos meilleurs souvenirs (avec *scrap booking*), offrez-lui une *playlist* sur iTunes, faites-lui imprimer un tee-shirt avec un message qu'elle seule comprendra...

5. Faites une fête de chaque instant

Transformez un petit dîner en moment super romantique (deux bougies et une bouteille de champ' peuvent suffire), mettez les petits plats dans les grands (des œufs au plat ? oui, mais dans de la porcelaine fine !), améliorez le quotidien. Il ne faut pas grand-chose pour devenir une fée qui transforme tout ce qu'elle touche...

6. Libérez-vous des carcans

Petite, maman ne voulait pas que vous fassiez de l'équitation (« Et si jamais tu tombais ? »), de la boxe (« Et si tu te faisais casser le nez ? ») ou du football (« Les shorts, ça t'avantage pas ! »)... Et vous, vous lui avez obéi. He ho ! Vous êtes grande maintenant !! Vous pouvez dire « zut » à maman et essayer tout ce qui vous fait envie. Rien ne dit que vous allez aimer ça (elle avait peut-être raison...), mais au moins vous n'aurez pas de regrets.

7. Maintenez la tension

Le côté le plus intéressant dans le rêve, l'ambition qui vous anime n'est pas forcément le but à atteindre, mais tout l'enthousiasme, l'énergie, l'envie que génère sa réalisation : rêver, c'est se maintenir en tension vers un but, c'est continuer d'espérer... Effet dopant garanti !

8. « Customisez »

Ajoutez des strass sur un jean, des rubans sur un top, des perles sur un sac... Non seulement vous vous faites un modèle unique, sur mesure, mais en plus vous êtes vraiment tendance !

9. Imaginez des fêtes !

Vous ferez d'une pierre deux coups : passer un moment joyeux et créer un événement ! Organisez des dîners thématiques : autour d'une gastronomie (orientale, asiatique, régionale, etc.), d'une couleur (un menu « tout rouge » ou « tout blanc »), d'un élément (la figue sous toutes ses formes, un repas « tout fromage »...). En imaginant tout ça, du menu au décor, vous laisserez parler votre inventivité !

10. Lancez-vous des défis !

Sur le mode du « T'es pas cap' ! », imaginez-vous de petits jeux motivants : convaincre Jean-Michel de vous emmener à Marrakech, passer le troisième tableau de votre jeu vidéo préféré, faire un petit laïus sur l'estrade pour le mariage de votre sœur... autant de petits objectifs qui vous motiveront !

Cadeau bonus

Les phrases qui font du bien

Parfois, il suffit de dire les choses pour qu'elles deviennent réelles…

En nourrissant votre esprit avec des affirmations positives, vous pourrez dépasser vos pensées noires et vous mettre dans un état d'esprit beaucoup plus épanouissant. Comme on apprend ses tables de multiplication ou « Le Corbeau et le Renard » en rabâchant cent fois les mêmes phrases, vous ferez rentrer « de force » ces sentences dans votre tête (dure) et vous constaterez le pouvoir « magique » qu'elles ont sur vous en renforçant votre confiance, votre estime et votre manière d'appréhender les événements avec sérénité.

Pour que ces formules soient efficaces, il faut les vivre et les ressentir comme vraies, être convaincue de leur bien-fondé et de leur pertinence à votre sujet. Il ne suffit pas de les répéter comme ça, en pensant à autre chose… non, il faut se les approprier, les digérer (et même les ruminer), les faire siennes. Et pour cela, considérer qu'elles sont faites pour vous, qu'elles vous correspondent, qu'elles sont inspirées de vos propres problèmes (qui sont les mêmes pour tout le monde d'ailleurs).

À vous de jouer !

- « Je mérite d'être heureuse et de réussir ce que j'entreprends. »
- « Je suis une personne valable et importante. Je me soucie de respecter les autres comme moi-même. »

- « J'ai le pouvoir de me changer. »
- « Je mérite d'être aimée des autres et de moi-même. »
- « Je suis assez forte pour surmonter mes problèmes toute seule. »
- « Je suis mon propre expert et j'accorde aux autres le même privilège. »
- « Si je suis stressée, j'ai les ressources nécessaires en moi pour arranger ça. »
- « Je peux faire mes propres choix et prendre mes propres décisions. »
- « À partir d'aujourd'hui, je ne me soucie plus du passé. Le passé est derrière moi et je ne pourrai pas y revenir. Je peux choisir de changer mon présent. »
- « J'ai confiance en mon jugement et dans les décisions que je prends. »
- « Quand je me regarde dans le miroir, je vois une personne avec qui j'aimerais passer du temps et que je voudrais connaître mieux. »
- « Je peux pardonner aux autres et comprendre leur point de vue. »
- « Je ne suis pas affectée par la critique ou les opinions négatives : au contraire, elles me font progresser. »
- « J'accepte les compliments facilement et je partage mon succès avec ceux qui y ont contribué. »
- « Je peux choisir de vivre comme je le veux et je donne la priorité à mes désirs. »
- « J'exprime mes idées facilement et je sais que les autres respectent mon point de vue. »
- « Je suis fière de mes expériences passées et je suis confiante au sujet de mes expériences futures. »

- « Je prends la vie jour après jour, étape après étape. Le découragement ne peut atteindre mon envie de réussir et ma capacité à aimer. »
- « J'apprécie chaque instant de ma vie : chaque moment est un cadeau que je dois découvrir et partager avec les autres. »
- « À partir d'aujourd'hui, je vais ouvrir mon cœur et mon esprit : je suis prête à de nouvelles expériences et à rencontrer de nouvelles personnes. »
- « Je n'attends pas la perfection venant de moi ou des autres : la perfection n'existe pas. Je m'efforce simplement de dépasser mes faiblesses. »
- « Je suis responsable de mon bonheur, je choisis d'être à l'écoute de mes envies. »

Outre ces affirmations très générales qui peuvent convenir à tout le monde, vous pouvez créer vos propres sentences, parfaitement adaptées à votre cas...

- « Je suis sûre de moi et de mon apparence : un nouveau sac Prada ne changera rien à mon pouvoir de séduction. »
- « Je ne cherche pas l'amour à tout prix : quand il sera là, je le reconnaîtrai. »
- « Je m'accepte telle que je suis : je suis convaincue que la culotte de cheval n'est pas un obstacle majeur au bonheur. »
- « Je savoure ma première crème au chocolat, je n'ai pas besoin d'en manger une autre. »
- « Je suis tolérante envers autrui : je ne m'emporte pas quand Jean-Michel fait semblant de m'écouter. »

9

Petit glossaire de la positive attitude

Comment faire sien le petit vocabulaire de la positive attitude ? (Tiens-toi bien, Lorie !)

Analyse transactionnelle

Vu par les spécialistes : théorie relative à l'étude de la personnalité et de la communication dans le but d'un épanouissement personnel. La démarche consiste à analyser nos comportements, nos attitudes, nos paroles, nos réactions physiques et émotionnelles grâce à différentes grilles analytiques (notamment celles de « l'état du moi »).
Vu par les paresseuses : étude très approfondie de ses « transactions » ; exercices pratiques visant à acheter ce qu'il y a de mieux pour le moins cher possible afin d'éprouver un sentiment de joie ravageur. **Exemple :** « Tu es encore passée chez Colette ? – Oui, j'ai bossé à fond mon analyse transactionnelle. »

Bien-être

Vu par les spécialistes : sensation agréable éprouvée lors de la satisfaction de besoins physiques ou en l'absence de tensions psychologiques.
Vu par les paresseuses : sensation agréable éprouvée en présence de plusieurs facteurs simultanés (position allongée + douce chaleur enveloppante + boisson chaude ou froide à portée de main (selon saison) + homme tendre et viril à proximité + tenue très *hype* à enfiler + week-end en perspective). D'autres éléments du bien-être peuvent se combiner à l'infini, parmi

lesquels : « massage à quatre mains + musique *lounge* » ou encore « lecture de magazines *people* + homme passant l'aspirateur + boules Quiès (faudrait pas que le bruit nous perturbe non plus) ».

Confiance en soi

Vu par les spécialistes : sentiment reposant sur l'estime de soi, la prédiction que l'on dispose des ressources nécessaires pour faire face à une situation. Fruit de l'expérience vécue, elle s'acquiert dès l'enfance mais peut être améliorée tout au long de la vie.
Vu par les paresseuses : sentiment de la personne qui se sent au meilleur d'elle-même (le cheveu propre et lisse, la zone T matifiée, le bourrelet tendu, le sourire pur – sans laitue coincée entre les incisives –, l'accessoire – homme beau et non négligé – bien choisi).

Développement personnel

Vu par les spécialistes : le développement personnel est un ensemble de pratiques destinées à mieux se connaître, identifier son « vrai moi », tout ceci ayant des retombées positives sur ses relations avec les autres. On cherche à choisir ses émotions, changer les comportements et les habitudes qui nous limitent. Ce travail volontaire sur sa personnalité permet de prendre sa vie en main, d'en être enfin l'acteur pour l'améliorer en se libérant de ses frustrations.
De nombreuses techniques ou disciplines se réclament de ce travail, allant de la psychothérapie aux traditions religieuses comme le zen en passant par le yoga ou la sophrologie.

Vu par les paresseuses : ensemble des choses qui peuvent ragaillardir son moi, lui faire du bien, le doper (acheter des escarpins Louboutin à – 50 %, entendre un homme dire « Vous êtes belle », que le 1er Mai tombe un lundi, réussir un soufflé meringué au citron, attraper la dernière tunique Antik Batik à sa taille, se réveiller avec la mine reposée, arriver à fermer le dernier bouton de son « taille basse » sans se mettre en apnée, trouver un billet de 10 € par terre, recevoir la rose du Bachelor : liste non exhaustive).

Ego

Vu par les spécialistes : personnalité, « moi » dans son unité fondamentale ; partie de l'esprit que l'individu considère comme la sienne personnellement et qu'il s'efforce d'adapter sous une forme socialement acceptable.
Vu par les paresseuses : partie de soi qu'il convient de particulièrement bichonner pour se sentir épanouie et prête à affronter toutes les agressions de la vie. **Exemple :** « Qu'est-ce que tu fais à te regarder béatement comme ça ? – C'est médical. Je soigne mon ego. »

Larmes

Vu par les spécialistes : sécrétions de la glande lacrymale qui forment un film liquide qui recouvre, nourrit, humidifie et nettoie la cornée. Pleurer : verser des larmes, sous l'effet d'une douleur physique ou morale, d'une émotion pénible ou agréable.
Vu par les paresseuses : moyen d'expression permettant une très grande palette de nuances ; astuce de fille pour obtenir

tout ce que l'on veut (devant son patron pour avoir une journée de rab avant de rendre son rapport, devant son chéri pour le faire culpabiliser à mort, devant l'agent de la circulation pour qu'il déchire le P.-V.). Peuvent s'accompagner de grands battements de cils (pour attendrir) ou de cris déchirants (pour faire peur). À utiliser avec prudence et parcimonie (pour rester crédible).

Moral

Vu par les spécialistes : ensemble des facultés morales, spirituelles et des phénomènes de la vie psychique ; état de l'esprit. Disposition de l'esprit qui porte une personne à réagir plus ou moins vigoureusement dans des circonstances difficiles.

Vu par les paresseuses : notion assez fluctuante, sur l'exemple des cours de la Bourse, soumise à des variations brutales et imprévisibles (une chute vertigineuse peut faire suite à un cheveu blond trouvé sur la veste de Jean-Michel, une hausse en flèche peut survenir après l'ingestion d'un carré de chocolat aux noisettes).

Orgasme

Vu par les spécialistes : aboutissement du plaisir sexuel ; excitation portée à son plus haut degré.

Vu par les paresseuses : excitation portée à son plus haut degré ; apogée du plaisir (faire la sieste, ne pas bouger de son transat, sucer un Magnum au caramel, profiter d'un massage de la pulpe des doigts de pieds, sentir la caresse du soleil, faire des câlins avec Jean-Michel).

Paradis

Vu par les spécialistes : lieu où les âmes jouissent de la béatitude parfaite après la mort.

Vu par les paresseuses : lieu où l'on jouit de la béatitude parfaite de son vivant ; pays magique où toutes les boutiques sont ouvertes le dimanche, où les coiffeurs ne ratent jamais leurs coupes et leurs couleurs, où l'on est parvenu à faire pousser « l'argentier » (arbre dont le fruit est l'argent), où les hommes emmènent les femmes en vacances sous les tropiques sans qu'on le leur demande, où les enfants jouent tout seuls et en silence, où les belles-mamans ne donnent pas de conseils.

Paresse

Vu par les spécialistes : goût pour l'oisiveté ; absence d'effort.

Vu par les paresseuses : comportement naturel et tout à fait normal (c'est quoi le problème ?).

Pessimisme

Vu par les spécialistes : état d'esprit qui consiste à ne voir que le mauvais côté des choses, à penser que tout va aller mal.

Vu par les paresseuses : état d'esprit passager de toute personne qui, juste après son réveil (toujours trop tôt), n'a pas encore bu de café et n'a pas encore envisagé sa journée comme une succession de petits bonheurs (même déguisés) (prendre une douche de douceur, porter une tenue ravissante, rencontrer des gens intéressants, mener à bien sa tâche, vivre pleinement l'amour, savourer des petits plats délicieux). S'améliore dès le premier expresso avalé.

PNL (programmation neurolinguistique)

Vu par les spécialistes : il s'agit d'une nouvelle approche du comportement et du psychisme humains, au carrefour de la psychologie, des neurosciences et de l'anthropologie, basée sur un ensemble de modèles descriptifs des structures de la subjectivité de l'expérience humaine. Très complexe, elle offre des outils efficaces dans différents domaines tels que la communication, la confiance en soi, la qualité relationnelle, le développement de l'excellence ou le choix de sa direction de vie.
Vu par les paresseuses : « pratiquement *no limit* » (expression qui désigne une attitude très positive qui vise à faire tomber les barrières qui nous empêchent de nous épanouir). **Exemple :** « C'est fou ce que tu as l'air bien en ce moment. T'es devenue PNL ou quoi ? »

Sérénité

Vu par les spécialistes : état d'une personne qui, par sa sagesse et son expérience, reste insensible aux troubles, aux préoccupations de l'existence ; indépendance d'esprit, liberté de jugement, d'opinion.
Vu par les paresseuses : état de calme inexistant à l'état naturel et qu'il faut s'efforcer d'atteindre dans les circonstances les plus difficiles (notamment en périodes de soldes) par l'usage de remèdes asiatico-bouddhistes (bains au lait de riz, litres de thé vert, position du lotus sur natte en bambou).

Soleil

Vu par les spécialistes : le Soleil est une des étoiles de la galaxie, autour de laquelle gravitent plusieurs planètes, dont la Terre, distante d'environ 150 millions de km. Boule de gaz très chaude (environ 5 900 °C) où se produisent des phénomènes de fusion nucléaire, son rayonnement nous apporte lumière et chaleur.

Vu par les paresseuses : élément constitutif du bonheur (sa présence, sa visibilité et sa chaleur peuvent déterminer l'humeur de la journée – et le fait de choisir entre une petite jupette en soie georgette ou un gros pull en laine qui gratte). D'ailleurs, le phénomène s'observe très facilement : dès que l'astre pointe son nez, on se précipite à la terrasse d'un café dans l'espoir que ses pâles rayons viendront directement stimuler notre production de mélanine, en vue d'économiser sur l'achat massif de Terracotta.

Youkaïdi-youkaïda

Vu par les spécialistes : expression enfantine qui permet d'extérioriser une grande joie.

Vu par les paresseuses : par extension, expression qui désigne un état d'esprit, une « positive attitude », un mélange de gaieté et de jovialité accompagné en général de petits bonds et de tapes dans les mains. **Exemple :** « Aujourd'hui, ma chef n'est pas là, je suis très *youkaïdi-youkaïda* ! »

Table des matières

Pour l'éditeur, le principe est d'utiliser des papiers composés de fibres naturelles, renouvelables, recyclables et fabriqués à partir de bois issus de forêts qui adoptent un système d'aménagement durable.
En outre, l'éditeur attend de ses fournisseurs de papier qu'ils s'inscrivent dans une démarche de certification environnementale reconnue.

Photocomposition Nord Compo

Imprimé en Italie par Lego Lavis.
Dépôt légal : août 2012
ISBN : 978-2-501-08017-0
Codif : 41.1337.9/01